Biblioteca mínima, 128

EL TEMA DEL TEMA

QUIM MONZÓ

EL TEMA DEL TEMA

BARCELONA 2003 QUADERNS CREMA

PRIMERA EDICIÓ *febrer de 2003*

Publicat per:
Quaderns Crema, S. A., Societat Unipersonal
Muntaner, 462 - 08006 Barcelona
Tel.: 934 144 906 - Fax: 934 147 107
qcrema@quadernscrema.com
www.quadernscrema.com

ISBN: 84-7727-385-5
DIPÒSIT LEGAL: B. 6.026 - 2003

ANDREU ROSSINYOL *Correcció de proves*
JOE DELLA CHIAVE *Il·lustració de la coberta*
JOACHIM UNSELD *Fotografia de l'autor*
MARTA XUFRÉ *Assistent d'edició*
MARTA SERRANO *Producció gràfica*
ENRIC MORA *Preimpressió*
ROMANYÀ-VALLS *Impressió i relligat*

TAULA

1999

2000

2001

VILLA TERESITA

Des de diumenge, l'estadi del Rayo Vallecano ha passat a dir-se Campo de Fútbol de Vallecas Teresa Rivero, un nom ben enrevessat. L'acord es va adoptar després d'un referèndum que es va celebrar el mateix diumenge, abans del partit que havia d'enfrontar el Rayo amb el Mallorca. En el referèndum només hi van participar 764 dels 2.777 abonats de la temporada passada. D'aquests 764 votants, 564 van estar a favor de posar el nom de la presidenta a l'estadi. Teresa Rivero va declarar que estava emocionada. Ella mateixa explicava a *El Mundo Deportivo*: «És el reconeixement a l'esforç del meu marit, José María Ruiz Mateos, que va agafar el club quan estava a punt de desaparèixer.»

Posar el nom del president actual als estadis de futbol propietat d'un club no és cap idea nova. L'estadi del Real Madrid ja es deia Santiago Bernabeu en vida de don Santiago, sense que això el fes posar gens vermell. Si la memòria no em falla, amb el Vicente Calderón va passar el mateix. El costum s'ha repetit altres vegades, i es repetirà moltes vegades més. El Betis també ha anunciat que canviarà el nom del seu estadi. Quan finalment acabin les obres que hi fan, el seu president, Manuel Ruiz de Lopera, li traurà el nom de Benito Villamarín i el rebatejarà com a Estadio Ruiz de Lopera. ¿I per què no ho hauria de fer, si és l'amo del club?

Però aquest costum presenta un problema, no pas

pels propietaris, sinó pel club, pels seus socis, pel seu prestigi, pel seu patrimoni: si cada capitalista que n'agafa les regnes decideix canviar el nom de l'estadi i batejarlo amb el seu, el club es converteix en un ioió en mans de nens capritxosos i la seva imatge es devalua. Una vegada—deu fer cosa d'un any—Ruiz Mateos ja va estar a punt de deixar el Rayo. Ara l'estadi es diu Teresa Rivero, però quan se n'atipin definitivament i el club passi a unes altres mans, ¿l'amo nou conservarà el nom de Teresa Rivero o el substituirà pel seu? Aquesta serà la recompensa que rebran els 564 llepes que diumenge van votar a favor del canvi de nom. I el mateix passarà quan, un dia encara llunyà, el Betis deixi de ser de Ruiz de Lopera. Dubto molt que el nou pagador conservi el nom del pagador anterior.

L'obsessió per personalitzar el nom dels edificis que compra delata el nou ric. Compro el club i, com que és meu, li poso el meu nom. Exactament el mateix que fan els que compren un impecable xalet noucentista i per començar decideixen arrencar les rajoletes que diuen «Villa Rosita» i posar-hi un rètol d'alumini que diu, en lletra anglesa, «Villa Pepita». L'actitud de Rivero i de Ruiz de Lopera és parenta de la dels que es passegen amb el seu nom a la matrícula del cotxe. I de la dels tifes amb pretensions que exhibeixen nomeolvides d'or que duen gravat, no pas el nom de la nòvia, sinó el d'ells. Suposo que ho fan perquè, en cas d'amnèsia, en tinguin prou de mirar-se el canell per, almenys, saber com es diuen.

DISSABTE A LA TARDA

El Gonzalo i el Daniel tenen la mateixa edat—dotze anys—i es coneixen de l'escola. Des de la guarderia han anat saltant de classe en classe, de curs en curs, sempre junts. És la seva amistat el que ha fet que els seus pares s'hagin acabat fent amics, de manera que sovint totes dues famílies es veuen els caps de setmana. Van al cinema, al teatre o a sopar. De vegades amb els nois i de vegades totes dues parelles soles. Avui han decidit dinar tots sis en un restaurant i després anar al cine. Han menjat relativament bé. Ara es troben en aquell moment interminable entre les postres, els cafès i el compte i, per no morir-se d'avorriment, repassen la cartellera per decidir quina pel·lícula aniran a veure.

—¿*Celos*?—pregunta el pare del Gonzalo.

—És per majors de tretze anys—objecta el pare del Daniel.

—Total per un any... —rondina el fill.

—¿*Inspector Gadget*?—La proposta és de la mare del Gonzalo.

—No. És massa per nens—refuta el Gonzalo.

Durant uns quants minuts, proposen, analitzen i rebutgen totes les pel·lícules de la cartellera, una rere l'altra, i com que *La amenaza fantasma* ja la van veure fa un parell de setmanes, al final decideixen optar per *El secreto de Thomas Crown*. És apta. El diari la defineix com a «thriller romàntic» i, tot i que als nois això de romàntic més aviat els fa venir esgarrifances, l'etiqueta de thriller els entusiasma. Així doncs, es decideixen per *El secreto de Thomas Crown*. La fan a dos cinemes. En un en versió original i en l'altre doblada. Sense dubtar ni un segon, el pare del Gonzalo mira l'horari del cine on la fan doblada. La mare del Daniel insinua que els va millor l'horari del cine on la fan en versió original. El seu marit i els pares del Gonzalo s'hi oposen.

—És pels nens, pobres, perquè no tinguin la murga dels subtítols.

La mare del Daniel ho accepta de seguida. Esclar, ¿per què marejar-los?

Curiosament, tant el Daniel com el Gonzalo estudien anglès a l'escola i sovint, sense cap problema, els passen pel·lícules en versió original. Els pares del Daniel pensen enviar el seu fill a l'estranger l'estiu vinent, perquè aprengui l'idioma a consciència. És tan necessari! Fins ara pensaven enviar-lo a Anglaterra, però els han parlat molt bé d'Irlanda. Els pares que ja hi han enviat els seus fills els han explicat que és un país més acollidor i familiar que Anglaterra, potser per la tradició catòlica. Els pares del Gonzalo també volen enviar el fill a estudiar anglès, però als Estats Units. Troben que l'anglès americà és el que realment mana al món i, posats a fer, s'estimen més que el seu fill agafi aquest accent. De moment, aquest estiu, quan s'ha acabat el curs escolar, ja ha fet un curs intensiu d'un mes, tot el juliol, en una escola d'idiomes de la ciutat. Cada dia, de dilluns a divendres, de deu a una. És tan necessari l'anglès avui en dia!

A la cua del cinema troben altres companys de l'escola. L'Àlex, el Xavi, la Vanessa, la Mònica i el Jesús, que també van a veure la pel·lícula; alguns, acompanyats dels pares. Com que la taquilla encara està tancada i la cua no tira endavant, els pares conversen. Sobre el tutor nou de cadascú, sobre els llibres nous, sobre l'exigència potser excessiva en socials, sobre la sortida conjunta que l'escola ha previst pel mes entrant i, naturalment, sobre els centres irlandesos, anglesos o americans on pensen enviar els fills l'estiu que ve, a estudiar anglès. El convenciment que els nois han de sentir tant d'anglès com puguin és tan unànime i fervent que, per un moment, la mare del Daniel està a punt de preguntar com és que, si tots hi estan tan d'acord, fan cua al cinema on es projecta la versió doblada, havent-hi la versió original a l'altre. Però aleshores el pare de la Vanessa li pregunta pel tutor que tenia el Daniel l'any passat, obren la taquilla, la cua comença a avançar i ja no hi pensa més.

PENA DE MORT A ENRIQUE IGLESIAS

Aquesta setmana es posa a la venda el disc nou de Joaquín Sabina, *19 días y 500 noches*. Amb aquest motiu, dilluns hi va haver una presentació que va permetre al cantant aprofitar la mil vegades refregida idea de Francisco Ayala—«La pàtria de l'escriptor és la seva llengua»—per fer una declaració de nacionalisme lingüístic: «Amb el pas dels anys he arribat a la conclusió, i també a la convicció, que la meva pàtria és el meu idioma.» I va rematar aquestes paraules amb rotunditat: «Encara que no m'agrada, em sembla que jo imposaria la pena de mort als artistes hispans que canten en anglès.»

Déu n'hi do, que un dels paladins musicals del vell progressisme es declari de cop a favor de la pena de mort. I que no s'equivoquin els del lliri a la mà argumentant que només ho ha dit per provocar i aconseguir titulars que cridin l'atenció. ¿Per què Sabina no pot tenir dret a estar a favor de la pena de mort, igual que els Ynestrillas que corren pel món? De la mateixa manera que, amb el pas dels anys, molts antics partidaris de la pena de mort van acabar oposant-s'hi, també els de l'americana de pana tenen dret a canviar d'opinió. A més, el que Sabina denuncia clama a Déu. Tots aquests cantants hispans—portoriquenys, cubans, espanyols—que, per diners i projecció internacional, canten en la llengua del pirata Drake, no són més que uns traïdors que reneguen de la llet que van mamar del Cid. ¿Per això es van sacrificar Pizarro, Cortés i Álvar Núñez Cabeza de Vaca?

Quan la pena de mort ja estigui convenientment restaurada al món hispànic, jo faria el judici durant la mitja part del Festival de l'Oti. Seria un judici anual. Fets presoners per un cos de legionaris d'elit, cabra inclosa, cada any els hispans que haguessin cantat en anglès tindrien dret a defensar-se davant d'un tribunal format—a saber—pel mateix Sabina, dos representants de l'Ateneo de Madrid, un del Café Gijón, Rociíto Carrasco, l'últim guanyador del premi Goya als Millors Efectes Especials, l'estudiantina en ple de la Facultat de Dret de la Complutense i José Antonio Camacho, aquest últim a perpetuïtat. Si se'ls declara culpables, per fugir dels mètodes d'execució anglosaxons sense caure en el garrot, últimament tan denigrat (no sé per què), jo promouria un mètode nou, que enllacés tradició i creativitat. Posem per cas que aquest any toqués jutjar Ricky Martin. Com que és evidentment culpable, se'l condemna a mort en un tres i no res i, sense més dilació que una pausa publicitària, se l'empala amb una pica de torero. Tot seguit se'l col·loca sobre una muntanya de llibres de Blanco White i George Santayana—de traïdors n'hi ha hagut sempre—mentre hi cala foc una hostessa mamelluda i amb minifaldilla.

Una postil·la. ¿Imaginen per un instant que un cantant català hagués dit: «Imposaria la pena de mort als artistes catalans que canten en espanyol»? Ni l'excusa d'haver-ho dit només per provocar i aconseguir titulars l'hauria salvat de les denúncies dels paladins del bilingüisme i del multiculturalisme, que l'haurien acusat de tancat i de xenòfob. ¿S'imaginen les tertúlies radiofòniques? En canvi, això de Sabina no ha provocat ni el més mínim rebombori. De la qual cosa es desprèn, un cop més, que les virtuts del mestissatge només són inapel·lables si l'individu que s'ha de mestissar no té ni un paraigua per protegir-se de l'al·luvió.

QUE BONIC ÉS VIURE

Des que hi ha televisió, part dels espectadors es lamenta que emet massa violència. Les associacions de pares i de pedagogs, per exemple, repeteixen una vegada i una altra que fins i tot els cops de puny dels dibuixos animats fan mal a la canalla, bé perquè els fan tornar insensibles, bé perquè els creen el desig d'agafar una escopeta de canons retallats. En canvi, hi ha altres espectadors que hi disfruten. Més que amb el pimpampum simulat de les pel·lícules, amb les imatges reals dels programes «d'impacte», aquests on hi ha persecucions, accidents de cotxe, robatoris a botigues, trets i ferits. A un pas de l'snuff, assaboreixen els canelons precuinats mentre els telenotícies mostren primers plans de cadàvers esbudellats per l'última bomba.

Paral·lelament, als estats on hi ha algun conflicte armat, sempre s'aixequen veus, en un moment o altre, que proposen que no s'informi dels actes de terror que organitzen els grups violents. La teoria és que, si el que aquests grups busquen és ressò, deixant-los sense veu, prohibint-ne la informació, s'ha acabat el ressò. No fa gaire, a la Gran Bretanya, per tal que els ciutadans no tinguessin accés ni a les veus dels membres del Sinn Féin, quan—per exemple—Gerry Adams feia declaracions li substituïen la veu per la d'un actor que el doblava.

Segons informa el canal espanyol de la Cnn, a Colòmbia han fet un pas més en aquesta estratègia de censura. Des d'ara mateix, la televisió colombiana passarà en blanc i negre totes les imatges de violència. La situació del país fa que als informatius cada cop hi hagi més morts, més matances, més cadàvers arrenglerats a les vores de les carreteres. Tot això es veurà sense colors a partir d'ara. És una decisió tan suggestiva com desconcertant i que confirma una tendència actual: la d'atorgar al blanc i negre una connotació tràgica. Aquest mateix any, el febrer, per mostrar el dolor oficial per la mort del rei Hussein de Jordània, el coronel Gaddafi va decretar que durant tres dies la televisió líbia emetés tots els programes en blanc i negre. La idea és ben senzilla: els colors són alegres i el blanc i negre és auster.

¿Com influirà en la lectura inconscient del teleespectador colombià el fet que les imatges de violència i mort siguin sempre en blanc i negre? En general, quan en un informatiu hi ha un vídeo en blanc i negre és perquè es recorda un fet que va passar fa dècades: l'assassinat de Kennedy, De Gaulle al Quebec o Ramallets parant una pilota. Però, a partir d'ara, a Colòmbia, quan el teleespectador percebi que les imatges són en blanc i negre, al cervell se li activarà el xip de la tragèdia: això deu ser l'atemptat d'ahir o els morts d'aquest matí. ¿Això farà que millori l'ordre públic? Ho dubto. El fet que a les televisions la sang dels cadàvers surti negra per comptes de vermella, ¿suavitzarà la situació? Als ciutadans, ¿els semblarà que el que passa al país no és tan greu? No ho crec. Hi ha pel·lícules en blanc i negre on la sang, negra, gela tant el cor com la sang, vermella, de les pel·lícules en color. Però el pitjor de la mesura són les conseqüències pavlovianes. Després d'uns quants anys d'aplicació d'aquesta norma semiòtica, ¿un colombià es podrà asseure davant d'una comèdia de Frank Capra sense que, pel fet de ser en blanc i negre, se li disparin els mecanismes d'alerta?

EN MANS DE L'ÍNDEX DE CREACIÓ DE FEINA

Les seccions de demandes de feina dels diaris sovint publiquen anuncis que demanen senyores per atendre telèfons eròtics. Més o menys tots són iguals: «Urgeixen srtes. per línia 906. Horari a convenir», i un número de telèfon. Però diumenge passat en va sortir un de diferent. És gran, de més de quatre centímetres d'altura, amb un text que diu: «Busco senyores de més de 45 anys per telèfon eròtic, només parlar, contracte més s.s.» I un número de telèfon on s'ha de trucar i demanar pel «Sr. Juan».

¿Per què de més de quaranta-cinc anys? Sembla prou evident: perquè la llei ofereix avantatges econòmics a les empreses que firmin contractes indefinits a gent més gran d'aquesta edat. Durant els dos primers anys de contracte, l'empresa s'estalvia el seixanta per cent del que hauria de pagar a la Seguretat Social. No està gens malament. Després, la bonificació passa a ser del cinquanta per cent i es converteix en indefinida. És una llei creada per ajudar els que han superat la frontera dels quaranta i que, a mesura que s'acosta la jubilació, tenen cada cop més dificultats per trobar feina. Envoltat per un núvol de prejudicis, sempre m'havia pensat que les empreses de telèfons eròtics no feien contractes. Aquest anunci demostra el contrari: hi ha contractes i són indefinits. No m'estranya que Rodrigo Rato presumís, la setmana passada, que des que el Pp va arribar al poder l'augment de contractes indefinits ha sanejat la Seguretat Social. Cap ofici no és indigne si contribueix a garantir les pensions de jubilació dels nostres conciutadans.

Amb intel·ligència i sensualitat, excitar telefònicament l'onanista predisposat és fàcil i qualsevol edat és bona. Si és cert que el diable, quan és vell, sap més per experiència que per consell, la madura satisfarà les fantasies del client millor que la de vint anys. Fins a un cert punt, les veus no evidencien clarament l'edat, la qual cosa permet unir l'experiència de la partenaire telefònica amb la llibertat de l'altre per imaginar-la amb l'edat que prefereixi. La situació recorda aquell conte de Raymond Carver on una atrafegada mare de família es guanya la vida des de casa, gemegant i dient porqueries per telèfon. Mentre aguanta l'auricular amb l'espatlla i diu allò de «Sí, sí, més, més...», planxa i canvia els bolquers del seu fillet. Va ser un dels contes que Robert Altman va recollir a *Short cuts*.

El que no s'entén és la poca vista de qui va incloure l'anunci de demanda de feina, tan gran i just al costat de la secció de telèfons eròtics! M'agradaria saber a quants il·lusos clients potencials va fer caure la bena dels ulls. I quants van reprimir la intenció de telefonar a alguna de les noies que s'ofereixen en adonar-se que l'anunciada «noieta gemegaire» pot ben bé ser una senyora de cinquanta anys llargs fent ganxet. N'hi ha, d'aficionats al rotllo *En brazos de la mujer madura*, però no són pas majoria. Si l'anunci es repeteix gaire sovint i la bena acaba per caure de tots els ulls, els clients no podran evitar imaginar-se a l'altra banda del telèfon venerables senyores amb rebeca, per comptes de col·legiales perverses d'un internat. I aleshores fins i tot Rodrigo Rato notarà la baixa del sector.

TAUROMÀQUIA CONTEMPORÀNIA

Els que hi entenen diuen que ara no hi ha tantes vocacions taurines com abans. Pot ser. De moltes vocacions antigues es diu el mateix. De les religioses, per exemple, fa dècades que es diu que travessen una època de crisi. Però, si ens hi fixem, veurem que en el fons no desapareixen sinó que es transformen. Les vocacions religioses, sobretot les missioneres, ¿no es veuen en certa manera compensades per l'augment en progressió geomètrica d'oenagés? Les oenagés permeten canalitzar actituds bondadoses, caritatives, solidàries (com se'n vulgui dir), sense l'enfarfec d'haver-s'hi de dedicar tota la vida i amb la lata afegida del celibat.

Totes les vocacions canvien de pell per reaparèixer amb una forma similar però diferent. També la vocació per torejar i per sentir l'orgull adrenalínic que el públic es posi dret i els ovacioni. Només que això, que abans s'aconseguia vestido de luces i al mig d'una plaça de toros, avui s'aconsegueix al carrer i està a l'abast de qualsevol transeünt. Segur que els han vist centenars de vegades. Són aquests ciutadans que, al pas de vianants, frustrats pel vermell del semàfor, s'arramellen al límit de la vorera i treuen el cap per veure si s'acosta algun cotxe, fins que arriba un moment que la impaciència fa que alguns baixin i ocupin el primer carril, amb el mateix esperit de conquesta de Colom quan va posar per primer cop el peu en terres americanes. I, un cop han conquerit aquest trosset de calçada, no reculen mai. Es queden just al costat de la vorada, i a poc a poc avancen i se'n situen al límit, sobre la ratlla que separa aquest primer carril—buit a hores d'ara, perquè molts cotxes canvien quan els veuen de lluny—del segon, pel qual sí que circulen cotxes. Allà es veuen obligats a aturar-se, però se saben herois i no reculen ni un mil·límetre. ¿S'han fixat amb quina mestria s'arramben a cada cotxe que passa com una exhalació i com, per evitar que se'ls endugui, treuen pit i amaguen la panxa, pentinant amb el cos la carrosseria de l'automòbil? Fiuuu...! Un centímetre més a prop i els hauria arrencat el pap.

Els mestres de l'art de la corrida automobilística no toregen toros del marquès de Domecq, ni de Valdefresno, ni d'Alcurrucén. Toregen renaults, seats, audis i lancies. Per comptes d'esquivar banyes, esquiven retrovisors, i, com que aquestes bèsties mecàniques no fan cas dels draps, no duen muleta ni capa. Ni vestit de torero. Toregen amb americana i corbata, amb xàndal Nike o amb cartera d'executiu. I, a diferència dels destres d'abans, no s'enfronten únicament a dos toros en una tarda, sinó a dotzenes de cotxes cada dia. I no cal que tinguin una figura estilitzada. N'hi ha d'alts i de baixos, hi ha homes i hi ha dones, i no es tallen mai la cueta. Jo he vist a les cruïlles dels carrers toreros adolescents amb vambes Adidas, però també toreros vells amb bastó, i toreres quinquagenàries amb carro d'anar a comprar, que s'arramben als volkswagens com Manolete no es va arrambar mai a un mihura. Hi ha gent que els renya, que els diu que és estúpid que baixin a la calçada, i que els aconsella esperar a la vorera fins que el semàfor sigui verd. Són sermons inútils, perquè la vocació fa que no puguin evitar torejar cada cotxe que passa, amb verròniques cenyides. És la tauromàquia ancestral, passada d'un gen a l'altre des que els grecs ens van ensenyar a jugar amb els toros. És un cant a la bravesa que tan sols la veu de Matías Prats (pare) podria glossar amb la gràcia que es mereix. Per això, jo demanaria als automobilistes melindrosos que, per comptes de maleir-los des de dins dels cotxes cada cop que han de maniobrar bruscament per no envestir-los, posessin el fre de mà, abaixessin la finestreta, traguessin el cap, es posessin a aplaudir i els cridessin:

—Olé, torero!

EL TELEGRAMA

Igual que molts ciutadans dels anys cinquanta, vaig passar la infantesa sense telèfon. No hi havia diners per luxes. Per si algun dia, quan em trobava sol a casa, tenia necessitat de telefonar a ma mare en alguna de les mansions on es guanyava la vida cosint, en un calaix hi havia dues fitxes de telèfon. Jo havia d'agafar les fitxes, baixar al bar de la cantonada i, tal com havia practicat uns quants cops, trucar des del telèfon públic que hi havia a la paret de color crema del passadís que duia als lavabos i a la cuina.

Van passar els anys i no vaig tenir mai la necessitat de trucar a ma mare. I després, a començaments dels seixanta, va aparèixer a casa el primer telèfon, negre i de baquelita. Però es feia servir amb comptagotes: trucades locals i prou. Pels avisos urgents hi havia els telegrames. Servien per avisar que arribava la cosina de Granada o que s'havia mort l'àvia. Era un servei ràpid i eficient que substituïa la manca de telèfon—molta gent va continuar sense telèfon uns quants anys més—o l'ús restringit que se'n feia. Les coses normals, de rutina, s'explicaven per carta. Si s'explicaven per telegrama és que realment eren molt urgents. Quan arribava el carter, amb l'uniforme i la immensa bossa de pell que li penjava de l'espatlla, i anunciava que duia un telegrama, el cor et feia un salt. En passava alguna de grossa. Firmaves el comprovant i a canvi rebies el telegrama. L'obries i descobries tres o quatre tires de paper blanc enganxades sobre el blau de l'embolcall, amb substantius i verbs, sense articles ni preposicions innecessàries.

Amb el pas dels anys i la progressiva implantació del telèfon, la cosa va canviar. Ara, a la ratlla del 2000, quan tothom s'envia e-mails o va amb el mòbil enganxat a l'orella, ¿quina funció tenen els telegrames? La de molestar-te innecessàriament. Arribes a casa i trobes un avís de telegrama. Els de Correus han passat dues vegades i, com que no hi eres, no pensen tornar a passar. Però no et deixen el telegrama a la bústia. No senyor. Si el vols, has d'anar a no sé quina oficina de Correus, que no és la teva habitual. ¿Què deu dir aquest telegrama? Deu ser alguna cosa urgent. Tant si vols com si no, els costums infantils marquen, i de la mateixa manera que al primmirat Proust la magdalena li portava records d'una infantesa pija, a molts ciutadans el telegrama els encén els senyals interiors d'alarma. ¿Algú que arriba inesperadament? ¿Algun parent que s'ha estimbat al Mont Blanc? Si hi rumies, saps que no pot ser res d'això. Si a alguna persona pròxima li hagués passat res, ja ho sabries. T'haurien telefonat i, si no t'haguessin trobat, t'haurien deixat un missatge al contestador. Però, davant de la incògnita candent del telegrama, tots aquests raonaments serveixen de ben poca cosa i no et pots estar de pensar que, si s'han pres la molèstia d'enviar-te un telegrama, és que es tracta d'alguna cosa peremptòria. Però no pots agafar un taxi i anar-lo a buscar, perquè l'oficina ja està tancada. L'endemà al matí et vesteixes i, abans d'esmorzar, agafes un taxi i et presentes a Correus. Dónes l'avís. Et demanen el carnet i, després de comprovar tot el que es pugui comprovar, et donen el telegrama. L'obres. T'anuncien que dimarts vinent presenten tal llibre a tal llibreria. O et conviden a una taula rodona que es farà dimecres a tal ateneu. O a la inauguració de tal exposició de pintura.

Si l'evolució tecnològica ha fet que actualment els telegrames serveixin per poca cosa més que per notificar assumptes tan prescindibles, ¿per què no els deixen a la bústia i llestos? Mentre això no sigui així, ¿seria possible que les empreses i institucions aficionades a enviar telegrames—per un canapè i no res—els cargolessin delicadament i se'ls fiquessin al forat del conducte digestiu que la discreció ha situat entre les natges?

MA MARE ÉS UNA PROXENETA

He parat un taxi i li he indicat on volia anar: a la cantonada del carrer tal amb l'avinguda tal, al costat del Miniestadi. És on viu ma mare, una senyora de vuitanta-un canosos anys d'edat. L'ascensor ha trigat una estona, com sempre. També com sempre, el timbre de la porta sona agut. Després he sentit les seves passes en sabatilles, cada cop més a prop, i com obria l'espiell. Per assegurar-se de qui era, ha obert una mica la porta amb la cadena posada. M'ha mirat amb ullets sorpresos i ha tret la cadena.

—No t'esperava—em diu.

—Vull parlar amb tu.

De fet, no sé com abordar l'assumpte. No és gens fàcil demanar a ta mare que deixi de simular i confessi.

—A veure, ¿quant en treus, al mes?

—¿En trec, de què?

—No facis l'orni. Ho sé tot i, per cert, em sap greu haver-ho hagut de saber per la tele. Parlo del que guanyeu, tu i els del barri, amb això de la prostitució.

—¿Quina prostitució?

Dissimula molt bé. Però des de dissabte ja no m'enganya. Vaig veure Josep-Lluís Núñez a la tele, i explicava que els de les Corts afavoreixen la prostitució al voltant del Camp Nou perquè és el seu negoci. De fet, fa temps que hauria hagut de començar a sospitar. Aquestes croquetes de pernil un cop per setmana, aquesta llauna d'anxoves cada quinze dies, la paella nova... I l'estufa del bany, que es va comprar fa vuit mesos. Tots aquests luxes no poden sortir de les cinquanta mil mensuals de la pensió de la Seguretat Social. Ni diumenge ni dilluns li vaig voler dir res. Podia ser que Núñez s'hagués equivocat. Una badada la pot tenir tothom. Però han anat passant dies i Núñez, fent com si es disculpés, ha ratificat el que havia dit.

—Vinga, va, ¿on amagues els calés?

—Però ¿de què parles? ¿T'has tornat boig?

Obro l'armari. Remeno els calaixos, entre els jerseis, a la capsa de les fotos. Res. Busco al bagul on encara guarda algunes de les joguines de quan jo era petit. Busco a la màquina de cosir, a la panera dels fils. I fins i tot a la nevera. De vegades, a les pel·lícules, els dolents fiquen els feixos de bitllets dins d'una bossa de plàstic i l'amaguen dins d'un pot gran de maionesa. Però en aquesta nevera no hi ha cap pot de maionesa.

Aleshores, dubto un moment. Potser no és veritat. Potser és, efectivament, una simple i resignada pensionista. Però de seguida m'adono que, sense proves, ningú—ni tan sols Núñez—s'atreviria a dir que la meva mare i la resta de veïns de les Corts són proxenetes. Per això m'hi encaro. Insisteixo perquè confessi. S'hi nega. Insisteixo més i continua negant-ho. No sé qui de tots dos és més tossut. Bé, sí que ho sé: ella és més tossuda, perquè al cap d'una estona jo ho deixo córrer. Que faci el que vulgui amb la seva vida. Des del balcó contemplo l'estadi del Fc Barcelona, al voltant del qual cada nit desenes de putes treballen per ma mare. I aleshores la miro amb un cert orgull. No sé per què pateixo quan la veig caminar, tan fràgil, amb les cames artròsiques i aquest bastó sobre el qual trontolla. No sé per què pateixo si, cada nit, és capaç d'acostar-se a travestis de dos metres d'alçada—amb mamelles siliconades, bíceps evidents i el moniato a fora—i, sense contemplacions, exigir-los el tant per cent que, com a macarrona, li correspon.

NO TANTS FUMS

Amb la fideuada, el primer cop que em van aixecar la camisa va ser fa vuit anys, en un restaurant d'aquesta mena de cuina que alguns en diuen casolana. Aquell dia, un dels plats que el cambrer va cantar—perquè no tenen carta escrita, esclar—va ser fideuada.

—¿Ah, sí? ¿Feu fideuada?

—Fideuà, sí. I molt bona!

Vaig demanar fideuada. Al cap d'una estona em van posar a taula un plat caldós. A més de ceba i tomàquet sofregits, en el líquid element hi suraven trossos de costelló, cloïsses i fideus, gruixuts i tendres.

—Això no és fideuada. S'assembla a uns fideus a la cassola, però no és fideuada de cap de les maneres.

El cambrer va alçar les mans, va esbufegar i va dir:

—És el mateix, tio.

Per desgràcia de la ciutadania, durant aquests últims deu anys les fideuades s'han propagat pels restaurants en progressió geomètrica. Cuiners que en sa vida no havien sentit mai a parlar de la fideuada, de cop i volta van començar a anunciar-ne a les pissarres. Actualment, qualsevol plat amb fideus es presenta, sense que a ningú li pugin els colors a la cara, com a fideuada.

És el que passa quan a l'instint gregari se li afegeix mig quilo d'ignorància en la seva tinta. De sobte, una idea desconeguda per la plebs depassa el cercle dels que saben exactament què és, inunda el populatxo contemporani que són les classes mitjanes i, en poc temps, perd per elles el sentit original; fins que el problema acaba sent reivindicar-ne el sentit original exacte. El món immobiliari ofereix exemples extraordinaris d'aquest tripijoc lèxic. T'anuncien un pis d'«obra nova» i quan el vas a veure descobreixes, a la porta de l'edifici, la data de construcció: 1860. Quan preguntes què té d'«obra nova», t'expliquen que hi han posat parquet, n'han canviat la instal·lació elèctrica, les rajoletes i les portes, i l'han pintat. Llegeixes en un anunci: «Pis preciós, 3 hab., menj., cui., bn., amb terrassa!» Quan te l'ensenyen veus que la «terrassa» no és altra cosa que una galeria posterior amb safareig i un endoll per la rentadora, de dos metres quadrats i enfonsada en un pati fosc.

La penúltima és la del loft. Un loft és un espai de sostres alts i grans dimensions, que abans havia estat dedicat a alguna mena d'indústria i que, pel preu baix que té en relació amb la gran quantitat de metres quadrats, els pintors i escultors—i, per extensió, els professionals liberals en general—converteixen en un combinat d'habitatge i taller. La idea va començar a funcionar a Nova York els anys seixanta i va tenir la culminació els setanta i els vuitanta. Si avui fulleges la secció d'anuncis classificats de qualsevol diari barceloní, trobes lofts. Quan els vas a veure descobreixes que no són més que una habitacioneta de vint-i-cinc metres quadrats amb lavabo i cuina americana.

—Però, ¿què té de loft, això?

—Home, doncs que és un espai únic.

És una barreja de barroeria i petulància similar a la que fa que s'entossudeixin a anomenar «Ciutat Judicial» els futurs jutjats de Barcelona i l'Hospitalet, que construiran al solar de la caserna de Lepant. ¿«Ciutat Judicial»? Semblen el Reial Madrid i la seva «Ciudad Deportiva».

DE ROCAFORT A SANT PAU

En un viatge de metro que dura poc més d'un quart, entre les estacions de Rocafort i Hospital de Sant Pau han entrat tres senyors que venien *La Farola*. Dos en el trajecte de Rocafort a Sagrera. L'altre, després del transbord, en el trajecte entre Sagrera i Hospital de Sant Pau. L'esquema argumental ha estat el mateix en tots tres casos. Col·locats al fons del vagó, han recitat d'una tirada, amb veu estrident i desganada:

—Buenos días, señoras y señores, permítanme que les moleste un momento su atención; soy un vendedor de *La Farola* con dos hijas y no cobro el paro; si no pueden colaborar con una ayuda para *La Farola*, les pido si con buena voluntad pueden ayudarme con lo que sea para comer.

Només variaven, en cada cas, els detalls familiars. El segon senyor, per comptes de dues filles tenia una mare. El tercer, una dona, a més de les dues filles. Un cop fet el discurs, tots tres han passat seient per seient allargant un got de plàstic i ensenyant *La Farola*. Tant el vagó de la línia vermella com el de la línia blava anaven força plens, però ningú—ningú—no ha donat res a cap dels tres homes. A l'estació següent baixaven de pressa per entrar al vagó de davant, on, pel que he vist, tampoc ningú no els ha donat res.

No m'estranya. És una representació tan gastada, tan contraproduent, que el que sorprèn és que de vegades algú els doni res. Se suposa que la posada en escena, dramàtica, vol commoure els bons sentiments, però resulta que, de tan repetida, ja no commou gens. I la cantarella és tan mecànica i adotzenada... És evident que són persones que realment passen necessitat. D'això no en dubta ningú. Perquè ningú que tingui un paquet de stock options a la butxaca no es dedica a anar pel metro demanant caritat. I també és evident que a una persona en aquesta situació no se li pot demanar que tingui coneixements de màrqueting. Però per això mateix, perquè realment es veuen obligats a demanar, algú—qui els subministra els exemplars de *La Farola*, per exemple—els hauria d'explicar que aquesta dramatúrgia ja ha donat tot el que podia donar i que així no aconseguiran gran cosa més. No és sensat que el text sigui tan barroer, una simple evolució de l'amenaçador: «Buenos días. Acabo de salir de la cárcel, estoy sin trabajo, no tengo qué comer, si ustedes tienen a bien darme algo para ayudarme se lo agradeceré, ya que si es triste pedir más triste es tener que robar...» Per sort, als monòlegs dels de *La Farola* no hi ha aquesta amenaça sobreentesa. Però, si l'objectiu és incitar a la caritat, s'equivoquen. No hi inciten. Poden fer pena o violentar, però no commouen. El fet de recórrer a aquesta cantarella estereotipada els perjudica. Els seria més efectiu demanar sense dir res. De vegades, amb una mirada n'hi ha prou i, en tot cas, aquesta sobreactuació fa pudor de cremat i manipulació. ¿Qui hi ha al darrere? ¿Qui els aconsella que es comportin tots igual, sense parar, de manera que encara no ha acabat de sortir un del vagó que ja n'entra un altre, per repetir el mateix monòleg? Perquè aleshores passa el que passa: que molts dels ciutadans que es ficarien la mà a la butxaca per donar-los algunes monedes tiben el cos i es reprimeixen.

Amb deu dies de diferència han aparegut dues notícies sobre enregistraments de fets pretesament autèntics o espontanis que, en realitat, havien estat falsejats o induïts. Totes dues notícies procedien de València. La primera es va fer pública a mitjan novembre. La Prefectura Superior de Policia de València va reconèixer que uns quants agents van reconstruir la detenció de dos presumptes traficants que havien estat enxampats amb més de dues mil dosis de Lsd. A la reconstrucció, que es va emetre com a fet autèntic als informatius de Tve, Canal 9, Telecinco i Antena 3, dos policies van fer de detinguts. La Prefectura de Policia al·lega que «de manera absolutament excepcional es va decidir la reconstrucció fidel d'algun fragment per tal d'enriquir el contingut informatiu audiovisual».

Podem suposar que aquesta mateixa intenció d'«enriquir el contingut informatiu audiovisual» va inspirar els protagonistes de la segona notícia. Uns periodistes del Canal 9—que preparaven un reportatge sobre el Cloretil, que s'ha posat de moda—van animar uns escolars a fotre-se'n una mica. De comprar el fàrmac se'n va encarregar l'equip de periodistes. Empar Marco ho explicava dissabte a les pàgines d'aquest diari: «Amb el medicament a la mà, es va buscar un grup de menors a la sortida d'un col·legi per proposar-li que l'utilitzés. Quan els nens el van esnifar—segons expliquen, amb molta desimboltura—, es van enregistrar les imatges que posteriorment es van emetre amb la cara dels protagonistes oculta.»

Només cal recular unes quantes dècades per trobar-nos amb un món on la informació a través d'imatges era limitada. Ara es multipliquen cada dia, fins al punt que, per àmplies capes de la població, més enllà de les imatges gairebé no hi ha res. D'aquí prové la set audiovisual d'aquests policies i periodistes. Si tens el vídeo d'un arrest o d'una inhalació, ets, existeixes. Si no el tens, et difumines. I ni periodistes ni policies volen, no ja difuminar-se, sinó perdre la possibilitat de penjar-se una medalla. D'això neix la seva divisa: «El meu regne per una seqüència.» Encara que sigui falsejada o induïda.

Per al comú de la gent, si una cosa no es veu no existeix. Sobre l'ablació de clítoris, per exemple, durant anys se'n van escriure articles en contra que no aconseguien més que reganys de membres de prestigioses organitzacions antiracistes, que alliçonaven els que els escrivien a compendre «les altres tradicions culturals». N'hi va haver prou amb les esplèndides fotos de Kim Manresa sobre aquest assumpte perquè, immediatament, tot el país s'adonés que aquest costum sagnant és un atemptat als drets humans i punt. I que apel·lar a «les altres tradicions culturals» és un simple exercici de cinisme.

La imatge és el notari que dóna fe dels fets. Si no ho veig, no m'ho crec; o no m'adono de la gravetat que té. I, en canvi, no hi ha res tan fàcil com manipular un vídeo o una foto. Ho demostren aquestes dues notícies, i els centenars de martingales prèvies: des d'aquell ocellot empastifat d'un fals petroli de l'Exxon Valdés fins a les fotos de Stalin, de les quals anaven desapareixent un rere l'altre els col·laboradors que queien en desgràcia. O la dels marins americans que claven heroicament la bandera dels Estats Units a Iwojima, en una acció falsejada perquè, quan la van clavar realment i en van pendre possessió, el fotògraf no estava a punt. La gent creu més en el que veu que en el que llegeix, sense saber fins a quin punt s'equivoca.

LA CARTA DEL MIL·LENNI

Quina pallissa, no tan sols aquests últims mesos, sinó els últims anys, des que va començar la febre mil·lenarista. El mil·lenni! Una febre que atorga categoria ontològica a la convenció de les xifres, amb la qual cosa es demostra que la superstició treu el nas així que et despistes una mica. Diuen que ara l'astrologia no està tan de moda com fa dues dècades, que la lectura del marro del cafè no passa pel millor moment, que hi ha menys gent que viu pendent dels dictàmens de les línies de la mà o del tarot. No és estrany, perquè és una època de monocultiu. Llibres, articles, elucubracions sobre el mil·lenni... Fins i tot amanides. Al supermercat venen bosses d'escarola arrissada, herba dels canonges i xicoira vermella de Treviso, de la marca Tallo Verde, amb el nom d'«Amanida del Nou Mil·lenni»!

¿I la gresca que s'ha muntat, des de fa més d'un any, a les seccions de cartes al director dels diaris sobre si el mil·lenni comença el primer de gener del 2000 o el primer de gener del 2001? A favor de la primera opció, uns quants munts de ciutadans. A favor de la segona, molts més munts. Va arribar un moment que la cosa es va convertir en obsessiva: que si comença el 2001 per això, que si comença el 2000 per allò... Doncs bé, quan ja semblava gastada tota la pólvora i, per cansament o avorriment, les escaramusses entre tots dos bàndols començaven a anar de baixa, aleshores, de sobte, apareix—a la secció de cartes dels lectors de *La Vanguardia*—una carta superba, que sens dubte és la definitiva sobre l'assumpte.

La van publicar el passat 17 de novembre i la firma el senyor Jaume Nebot Bou. Porta per títol «¿A quina hora canvia el segle?» i diu exactament (és molt breu): «Com a subscriptor d'aquest prestigiós periòdic, he seguit la controvèrsia sobre quan s'ha de celebrar l'entrada del proper mil·lenni. Tot i que considero que comença el primer de gener del 2001, haurem d'acceptar el 2000, perquè és el que volen. Però... ¿a quina hora canvia el segle? M'agradaria que algú ens ho aclarís, ja que ens regim per un horari imaginari que ens ha estat imposat i no pas per l'astronòmic, que hauria de ser el real.»

Magnífica. Tants mesos de polèmica sobre si canvia el 2000 o el 2001, i ningú no havia pensat que també calia puntualitzar aquest detallet: l'hora exacta. Perquè ¿de què serviria aclarir—o no—si el mil·lenni comença l'any 2000 o el 2001 si no ens posem d'acord sobre l'hora en què ho fa? El dubte sobre l'hora és lògic. Només cal pensar que a l'estiu, quan ens estirem a la platja per accelerar el càncer de pell, calculem l'hora de més impacte del sol i sabem que les dotze del migdia oficials són les deu solars, i que a les dues de la tarda és quan et cous més perquè són les dotze solars. Doncs bé, els que s'han esgargamellat tant per aclarir exactament quin primer de gener comença el mil·lenni, ¿cauran ara en la lleugeresa de celebrar l'entrada de l'any—de qualsevol any, sigui el primer d'un mil·lenni o no—a les dotze hores oficials? Tanta lluita per deixar clara la cosa cronològica, ¿la trairan ara per un brindis una hora més o menys tard del que és correcte?

Ara els vull veure a tots—tant els que defensen que

el nou mil·lenni comença el 2000 com els que diuen que no començarà fins al 2001—menjant el raïm i felicitant-se pel nou any exactament a la una (hora oficial) del pròxim primer de gener, que és quan astronòmicament serà mitjanit, les zero hores de l'any que comença. Si no és així, si no els veig a tots deixant passar les dotze com si res per, finalment, alçar les copes i brindar a la una en punt, hauré d'entendre que tota la polèmica que hi ha hagut fins ara era parlar per parlar, xerrameca sense coherència.

LA CLASSE MÈDICA

Que els metges escriguin les receptes amb molt mala lletra és una tradició que ve de lluny. Ara no es nota tant, perquè gairebé tothom—sobretot la gent jove—fa mala lletra. Però en aquelles èpoques pleistocèniques en què als estudiants de primària se'ls ensenyava a escriure bé, al que escrivia malament li etzibaven: «Fas lletra de metge.» Quan t'ho deien a tu era un retret, però pel metge era un honor. La lletra de metge per força havia de ser il·legible, indesxifrable. La mala lletra era gairebé més que el diploma de final de carrera. Com més bo era un metge, pitjor escrivia, fins al punt que la gent desconfiava dels metges amb una lletra una mica comprensible. «No deu ser gaire bon metge: s'entén el que hi posa.»

Això anava així a tot arreu, un fenomen sense fronteres. I dic «anava» perquè acaba de començar el principi del final. L'Institut de Medicina dels Estats Units ha dictaminat que la lletra dels metges ha de millorar fins a ser llegible. El motiu és clar i urgent: cada any es moren en aquell país més de set mil persones a conseqüència d'errors en la medicació. Errors que no són sempre producte d'una badada del metge que, amb el cap a la lluna, recepta al malalt un fàrmac que no tan sols no correspon a la malaltia sinó que li va fatal. Res d'això. Moltes vegades els fàrmacs són els correctes, però als farmacèutics els resulta tan difícil entendre la jeroglífica lletra del metge que s'equivoquen quan la desxifren i donen al pacient un medicament per comptes d'un altre.

¿Com aconseguiran millorar la lletra? Hi hauran de posar voluntat i anar a classes, si amb la voluntat i l'esforç no n'hi ha prou. Convindria que els col·legis oficials de metges prenguessin nota del que decideixin els d'ultramar, perquè amb això passarà com amb cada tendència nova que floreix als Estats Units: aquí al començament sorprèn i fins i tot és objecte de bromes de diversos gruixos, però, indefectiblement, pocs anys després, tots seguim la tendència a ulls clucs i sense piular. Serà fascinant veure els nostres metges amb la ploma o el bolígraf i aprenent a escriure en un país on l'imperi de la plastilina com a mètode pedagògic ha abolit l'ensenyament de la cal·ligrafia als nens «per no coartar-los la llibertat».

Serà un plaer agafar la recepta del metge i entendre-la de cap a cap. S'han acabat els misteris, els aires enigmàtics, de cercle d'escollits. És un pas més cap a la desdivinització de la classe mèdica, encimbellada encara a alguns altars. Esperem que el pas següent sigui el de fer-los baixar de l'altar de la impuntualitat sistemàtica. És esbalaïdora la barra amb la qual molts metges—de pagament—citen un pacient a les quatre i, segons com els ve, no el reben fins a dos quarts de cinc, les cinc o, de vegades, les sis. Odontòlegs o pediatres, otorinos o proctòlegs, tant li fa. Viuen convençuts que el jurament hipocràtic els ha elevat a la categoria de déus amb dret a disposar impunement del temps dels pacients, que per ells no té cap valor ni mereix el mínim respecte de la puntualitat.

BARCELONA

Ahir al matí, al carrer Pau Casals cantonada Mestre Nicolau. Vaig veure un taxi lliure, vaig aixecar la mà, el taxi es va aturar, vaig obrir la porta, em vaig asseure i vaig saludar:

—Bon dia. A la Gran Via cantonada Borrell, sisplau.

—¡Vamos para allá!

Era un taxista simpàtic i xerraire. Parlava de tot però sense transmutar-se en un d'aquests profetes de l'apocalipsi crescuts en el brou de cultiu de les arengues de la ràdio matutina i la truita d'alls tendres. Enfilava una cosa amb l'altra i quan vam acabar parlant de dites populars—en sabia una pila—em va explicar que eren de Zamora, la seva terra.

—Només hi he estat una vegada, a Zamora.

—Pues yo hace ya treinta y dos años que me fui.

Així vam continuar xerrant—que si són verdes, que si són madures—i, al cap d'una estona, quan vam girar per Londres, em va dir:

—Cogeremos Viladomat hasta Gran Via. —I, com si no ho hagués de saber, va afegir: —Porque Borrell es de subida.

—De l'avinguda de Roma cap avall és de baixada—vaig dir.

Em va mirar pel retrovisor. Que sabés aquest detall semblava sorpendre'l.

—Usted ¿de qué zona de Cataluña es?

Em vaig quedar parat.

—¿Jo? De Barcelona.

—¿De Barcelona-Barcelona?

—De l'Eixample.

—Pero ¿dónde nació?

—A les Corts, a la Maternitat, al costat d'on ara hi ha el Camp Nou. Per ser exactes, a la banda del carrer Doctor Cardenal, just darrere d'on ara hi ha el Princesa Sofia.

Va avançar lleugerament el llavi inferior, en un gest de sorpresa. I aleshores vaig pensar: «¿Per què m'ha preguntat de quina "zona de Cataluña" sóc? ¿Per què ha suposat que no sóc barceloní? ¿Per què se n'estranya tant, que ho sigui, si no tinc accent de la Garrotxa ni del Montsià?» I aleshores, tot d'una, ho vaig veure clar. El que li feia suposar que no era barceloní era que, en contestar ell en espanyol la meva salutació inicial en català, jo no hagués canviat immediatament de llengua. És un costum —el del bilingüisme passiu— que ha anat desapareixent progressivament, en simetria amb el trompeteig triomfalista del Govern. És per això que aquell home no creia que jo fos d'aquí. Devia ser d'alguna «zona de Cataluña» que no sabia determinar, però en cap cas barceloní de naixement. Perquè a Barcelona ja només alguns visitants de terra endins, de la denominada «Catalunya catalana» continuen parlant en català al taxista o a la dependenta de l'Illa Diagonal que no parla més que espanyol.

És fascinant. Ja hem arribat a aquella situació que ens sorprenia fa dècades, quan viatjàvem a València. Els pobletans, de pas per la capital, eren els únics que continuaven parlant català malgrat haver traspassat les muralles invisibles de la ciutat de València, els habitants de la qual o bé ja només parlaven castellà o—gent «educada»—ho simulaven a la perfecció. Només els llauradors hi anaven parlant com a la barraca de l'Horta. És la primera vegada que a Barcelona em passa això. I és evident que no serà l'última. Ja em consideren foraster a la meva pròpia ciutat. Ja sóc un pagès de visita al Maremàgnum. Ara mateix me'n vaig a fer una copa, no sé si per celebrar-ho.

EL TEMA DEL TEMA

Aquest cap de setmana, just quan va començar a fer-se evident que l'efecte 2000 havia estat una enganyifa, vaig sentir Xavier Pomés, conseller d'Interior, explicant a la ràdio que no hi havia cap problema.

Més ben dit: el que seria aquest cap de setmana, just quan va començar a fer-se evident que el tema efecte 2000 havia estat una enganyifa, vaig sentir Xavier Pomés, conseller d'Interior, explicant al que seria la ràdio que el tema efecte 2000 no havia comportat el que serien problemes. Aquí em vaig adonar que també ell és un temàtic, un d'aquests que es deleixen pel tema del tema. Em refereixo al que són aquestes persones que no parlen de transports, de mitjans de comunicació o de peres llimoneres, sinó del tema transports, del tema mitjans de comunicació i del tema peres llimoneres. S'han adonat que els substantius no cal que vagin tots sols, pobrets, sense que la paraula «tema» els precedeixi per atalaiar el tema enemics en el que seria l'horitzó. Si, per exemple, diguessin: «S'ha de debatre l'horari nocturn del metro», se sentirien insegurs, com si els faltés alguna cosa. Per això diuen: «S'ha de debatre el tema de l'horari nocturn del metro.» ¿Quina importància pot tenir que el que és la paraula «tema» no tan sols no hi pinti absolutament res sinó que faci carregós el que és el text? A ells els sembla que dóna al tema xerrameca un aire prosopopeic i això és el que compta.

Igual que tots els temàtics, a més d'anteposar la paraula «tema» a cada substantiu que té a l'abast, Xavier Pomés farceix el que seria el seu discurs amb una altra de les falques que aquests últims temps no pot faltar en el tema oral: les formacions tipus «el que és» o «el que seria». Molts periodistes, sobretot de la ràdio i la televisió, tenen una tirada especial pel que seria el còctel resultant d'ajuntar el que són aquestes dues falques. Així s'aconsegueixen meravelles com ara «El que seria el tema fitxatges queda definitivament ajornat fins al final de la temporada». O, encara millor, «...fins al final del que és la temporada».

Tret d'alguna excepció, els polítics també es passen el dia amb el tema a la boca. Per això no em va sorpendre l'adscripció del conseller Pomés a la penya temàtica. En el que és el nostre país, està absolutament demostrat que per ser conseller no cal tenir cap mena de domini especial del tema lèxic ni del tema sintàctic, i com a mostra n'hi ha prou amb Vilajoana, que és conseller del tema cultural. En el que són la Gran Bretanya o França, a nivell de tema ministerial són impensables ministres que caiguin en el que serien clixés i falques d'aquesta magnitud, i menys amb la lleugeresa i assiduïtat amb què hi cauen el que serien els nostres. Però, esclar, el tema respecte pel que és el tema llengua és sagrat en el que serien aquells països, on abunda el que és la convicció que els càrrecs públics han de donar el que seria exemple i, per tant, no poden ser-ho si quan obren la boca demostren, en el que és el tema expressió verbal, un nivell propi del que seria un estudiant d'Eso si no fos que, en el tema estudiants, ho que és l'exigència pel tema expressió verbal està a ho que serien les últimes.

UNA DE TRIPA

A Barcelona (i, per extensió mimètica, a gran part de Catalunya), amb la tripa passa una cosa terrible: els bars i la majoria de restaurants la cuinen igual, seguint el diktat de la tripa a la madrilenya. En algun cas, amb petites aportacions personals que, amb més o menys fortuna, l'aproximen a la tripa a l'extremenya, a l'andalusa o fins i tot a la gallega. El cas és que gairebé no hi ha manera de trobar tripa que s'escapi de l'absolutisme del xoriço i el pebre vermell. I que consti que el problema no és la tripa a la madrilenya, perquè, ben cuinada, és una delícia. El problema és que pràcticament ningú no pensi en cap altra manera de guisar-la. La fan amb cigrons o sense, amb capipota o sense, però indefectiblement amb pebre vermell. El seu horitzó tripaire és curt i estret. ¿Tripa? A la madrilenya! ¿És per rutina? ¿És per falta d'imaginació?

La tripa es pot cuinar de maneres molt diverses. A França la fan a l'estil de Caen, amb pota de bou, braó de porc, cansalada, pastanagues, vi blanc... O a l'antiga, amb pastanagues, ceba, tomàquet, armanyac... Te la porten acompanyada d'arròs o patates. A Itàlia regna el mateix esperit democràtic: la deliciosa tripa a la florentina no ha enterrat la tripa a la napolitana, ni la tripa en forma de mandonguilla, amb pernil, formatge parmesà, pinyons i panses. Ni la tripa a la corsa, amb vi, ceba, all i llorer, acompanyada de patates al vapor. Hi ha tripa cuinada amb un sofregit d'all, julivert i mantega, al qual, a més de sal i pebre, afegeixen ous batuts, suc de llimona i parmesà... N'hi ha en broqueta, on s'alterna cada tros de tripa amb un tros d'esòfag i un altre de penis de toro. Fins i tot en fan en sopa: la *zuppa di trippa*, amb pastanagues, api, tomàquet, ceba, alfàbrega, julivert i pa integral, tot plegat amb formatges parmesà i romà ratllats al damunt. Al Japó fregeixen la tripa amb bolets negres, api i pastanagues, i hi afegeixen mostassa.

Aquí, qualsevol ventall de possibilitats desapareix sota la piconadora monocolor de la tripa a la madrilenya. La uniformització és tan gran que molta gent es deu pensar que no hi ha cap més manera de fer-la. I n'hi ha, aquí també. La tripa a la barcelonina, per exemple, amb ceba, all, tomàquet i patates... La tripa a la catalana, amb ceba, tomàquet, nou moscada i—segons qui cuina—pebrot i albergínia. La tripa amb pèsols i ametlles... La tripa a l'aranesa... La tripa valenciana a la casolana, amb cansalada, braó, porros, pastanagues, llimona, vi blanc, pebre... La tripa amb mongetes, a base d'un sofregit de ceba i tomàquet, més una picada d'ametlles, all, julivert i vi blanc...

La monotonia actual en matèria de tripa resulta especialment grotesca en una ciutat on els habitants presumeixen de gran sofisticació gastronòmica i que ara, per exemple, es deleixen per les tapes «creatives». Es va abolir el partit únic, queda clar que el pensament únic és letal i, en canvi, amb la tripa accepten sense piular la dictadura asfixiant del xoriço i el pebre vermell. Potser perquè en el fons no són tan sofisticats com diuen i, en molts casos, la seva sensibilitat gastronòmica es limita a seguir el toc de corneta de cada moment.

ELS DIARIS DE TARDA

Amb l'arribada de l'any nou ha desaparegut el *Diario de Las Palmas*. Segons la notícia—un breu—, el rotatiu tenia cent sis anys de vida i des del primer de gener s'ha fusionat amb un altre diari de la mateixa empresa, *La Provincia*. A partir d'ara tots dos surten al matí, units sota aquest nom.

Era l'últim diari vespertí que es publicava a Espanya. El 1992 va desaparèixer el penúltim, *El Adelantado* de Segòvia, que també va passar a vendre's al matí. És una tendència inapel·lable, que de mica en mica ha anat significant la mort de la premsa de tarda. No hi ha cap dubte que les empreses editores han fet càlculs i, l'una rere l'altra, han arribat a la conclusió que aquesta mena de diaris no rendeix. Cap empresari no tancaria un diari—d'aquestes característiques o de qualsevol altra—si li procurés un benefici. Que el públic hagi decidit perdre's el gran plaer del diari vespertí és una simple qüestió de prioritats, i és evident que les prioritats, avui dia, no van per aquesta banda. Jo, que des dels catorze anys sóc un consumidor fervent de diaris, vaig començar comprant diaris de tarda. Primer *El Noticiero Universal*, simplement perquè era el que comprava mon pare quan sortia de la fàbrica on treballava. ¿Per què comprava ell un diari vespertí? Potser perquè el seu torn de treball l'obligava a entrar a la fàbrica a una hora que els quioscos encara estaven tancats o no havien distribuït els diaris. O potser, encara que trobés el diari al quiosc abans d'entrar a la feina, considerava que, ja que no el podria llegir fins al vespre, amb el diari vespertí s'assegurava una informació més d'última hora.

D'*El Noticiero Universal* vaig passar—al cap de molt poques setmanes—a un altre vespertí, el *Tele/eXprés*. Més o menys quan vaig fer quinze anys vaig començar a comprar dos diaris diferents: un al matí, abans d'anar a la feina, i un altre a la tarda, quan en sortia. No pas perquè tingués intencions literàries declarades, ni la més remota idea que acabaria escrivint als periòdics. Jo vivia la mar de feliç estudiant dibuix i pintura i treballant en estudis de disseny. Però la premsa m'apassionava i necessitava un diari al matí i un altre a la tarda. Amb els anys, en vaig necessitar cada cop més.

Tot això ha canviat. Ara, tota aquesta informació d'última hora la subministren la ràdio, la televisió i els diaris exclusivament online, que estan a mig camí entre l'informatiu radiofònic i el diari imprès, i que tindran cada cop més importància. Però no és exactament igual. El diari de tarda tenia, en relació amb el diari del matí i amb les informacions radiofòniques o televisives, unes qualitats específiques, un to, un ritme. En part perquè els mateixos lectors s'hi enfrontaven amb un ritme diferent del que tenien al matí, quan obrien el diari matinal.

És un món que ja no existeix, però sovint em passa que, després d'haver llegit els diaris del matí, al migdia o a primera hora de la tarda baixo al quiosc i hi dono un cop d'ull. Busco no sé exactament què, i de vegades torno a casa amb alguna revista sota l'aixella, però sé que en el fons no és això. El que de fet vaig a buscar—tot i que sé que no ho trobaré, i jugant mig inconscientment amb la fantasia—és un diari de tarda, el que sigui, amb un ritme diferent del dels diaris del matí. Encara ara els trobo a faltar, després de tants lustres i a pesar de saber que no n'hi tornarà a haver mai. Però em sap greu que, si els informatius televisius i radiofònics ens poden graponejar al matí, a primera hora de la tarda, al vespre i en plena nit, el periodisme escrit només ho pugui fer un cop al dia, quan surt el sol.

CANYA AL MONO

Em sembla exemplar la sentència de la jutgessa del Vendrell que absol el professor d'un institut de Torredembarra que va ventar dues bufetades a una alumna que es negava a fer-li cas i que se'n burlava davant dels morros. Segons la sentència, l'alumna no tenia «cap dret a desobeir el professor ni a burlar-se'n, sempre que les seves indicacions es dirigissin a corregir-li la manera d'actuar mentre l'alumna és al centre i dins de les hores lectives», i l'actuació del professor «es pot incardinar dins de la facultat correctora que com a educador se li concedeix en relació amb els alumnes». La jutgessa es pregunta: «¿Com es pot exigir als professors que, a més de tot això, eduquin els nostres fills si no se'ls permet que en corregeixin el comportament i, sobretot, quan no dubtaríem a exigir-los responsabilitats si, per exemple, en una excursió els nostres fills prenguessin mal per una badada dels professors?»

Deixant de banda aquest cas i les raons concretes de l'alumna i del professor, s'ha de reconèixer que la vida als instituts s'ha tornat difícil. Encara no s'han hagut de col·locar detectors de metalls per evitar que els alumnes vagin a classe amb armes, com als Estats Units, però tot arribarà. El festival d'insolències no es produeix tan sols en l'ensenyament. El veiem pel carrer, en el comportament de motoristes, automobilistes, ciclistes i vianants. Al metro, als autobusos, al cine. ¿Com podria ser d'una altra manera? Si de petits ningú no gosa dir-los que no posin les sabates al sofà, ¿per què d'adolescents no haurien d'escopir les clofolles de pipa a la cara de qui vulguin?

¿Què caldria fer? Per començar, exigir que l'autoritat educativa no se'n renti les mans, i actuï. No tots els professors tenen el tremp de, per exemple, Biel Majoral. L'altre dia, Anton Maria Espadaler m'explicava que, fa un cert temps, Biel Majoral feia de professor de llengua catalana a una escola de l'extraradi. Segons sembla, el professor anterior no se sabia imposar i els alumnes li prenien el número. El primer dia que Majoral va arribar a classe, per substituir-lo, van intentar fer el mateix. Se'n van començar a mofar i li van tirar una pilota. Amb l'altre professor ho feien sovint. El professor la recollia i callava. Però el pagès Majoral no va fer això. Va agafar la pilota, va preguntar de qui era i, quan va rebre un murmuri de rialletes com a resposta, es va treure de la butxaca la navalla campera, amb una fulla de pam. La va clavar a la pilota i la va tallar pel mig. A la classe no se sentia ni una mosca. Es va acabar la indisciplina.

I encara n'hi ha que dubten si cal imposar càstigs. ¿Com podria ser altrament? Els alumnes mateixos els haurien d'exigir. I no pas dues bufetadetes. Si jo fos alumne seria el primer que en demanaria. Si fos disciplinat, perquè estaria tip d'aguantar que els que no volen estudiar destorbin les classes a còpia de salvatjades impunes. Si fos indisciplinat, perquè ser groller sense risc no té cap gràcia. Tal com està el pati educatiu, un es pixa a la boca del mestre i ningú no piula. ¿Quin plaer se n'obté, d'això? Fer el gamberro és molt més apassionant si t'hi jugues l'expulsió definitiva o un bon gec de garrotades. I que cap progre no s'esquinci les vestidures. A la Gran Bretanya, un país ben savi, el càstig corporal es va mantenir fins a la penúltima dècada del segle xx i qui el va suprimir va ser ni més ni menys que Margaret Thatcher, la valedora de Pinochet. No és cap casualitat.

EL PROCÉS AMB ZIRITIONE

Una federació de consumidors andalusa ha denunciat la pràctica cada cop més habitual d'emetre publicitat encoberta a les sèries de televisió. Fins i tot els menys observadors s'adonen que a *Médico de familia*, *Compañeros*, *Manos a la obra* o qualsevol altra mínimament cotitzada hi surten ampolles de cervesa, llaunes de refrescos, paquets de tabac i ampolles de whisky amb les etiquetes de cara a la càmera. La federació considera que, com que tots aquests productes apareixen de manera reiterada i evident, es vulnera la llei que prohibeix aquesta promoció emmascarada. Salta als ulls que l'aparició de marques comercials no perjudica gens les sèries. A part del benefici econòmic, narrativament de vegades les fa menys àgils però sempre més pròximes. La gent es reconeix més en personatges que renten la roba amb Ariel Ultra que no pas en els que la renten amb detergents anònims. És un peix que es mossega la cua. Compren aquests productes per sentir-se identificats amb «els de la tele» i se senten identificats amb «els de la tele» perquè consumeixen els mateixos productes.

Ben bé el mateix dia, un informe de la Societat General d'Autors d'Espanya sobre hàbits culturals anuncia que la meitat dels espanyols no llegeix mai, i que en set anys el percentatge de no lectors ha pujat del 41,7 al 49,1 per cent. És inevitable jugar a relacionar totes dues notícies. Si la gran massa d'analfabets funcionals està acostumada a l'attrezzo familiar de les telesèries, ¿com es pot sentir a prop de la literatura?

La solució és senzilla. S'agafa, per exemple, una de les obres mestres del segle passat; *El procés*, de Franz Kafka: «Algú devia haver escampat mentides contra Josef K., del moment que no havia fet res de mal i que un bon matí van anar a arrestar-lo. Vivia a dispesa a casa de la senyora Grubach, i aquell matí no va comparèixer la cuinera, que cada dia, quan el seu rellotge Swatch Irony marcava les vuit, li duia Rice Krispies de Kellogg's amb llet Pascual i Cola Cao. Era el primer cop que allò passava. K. es va esperar encara una estona, i sense alçar el cap del coixí Begonia d'Ikea, va contemplar a través de les seves lents de contacte Bausch & Lomb la vella de la casa Hormipresa del davant, que des de la seva finestra Kömmerling de PVC l'observava amb una curiositat que no era pas el seu costum. Per fi, desconcertat i alhora afamat, K. va trucar el timbre Simon. De seguida es va sentir un cop a la porta Lapeyre de fusta tropical i va entrar un home mai no vist a la casa. El consum de Danone descremat el mantenia prim, però amb la corpulència que proporciona el banc d'abdominals Domyos PA 150 de Decathlon. Portava un vestit negre molt cenyit, que semblava comprat al Coronel Tapioca perquè tot eren plecs i butxaques i sivelles i botons, i un cinturó Timberland, de manera que feia una impressió de cosa molt pràctica encara que no es veia gaire clar per què podia servir.»

¿Oi que entra molt millor? Amb aquests petits afegits—que l'editor cobraria a part, de cada marca especificada—resulta difícil no imaginar-se Josef K. amb la cara d'Emilio Aragón engolint galetes Chiquilín d'Artiach, de manera que, si s'accepta la proposta, el públic es llançarà ràpidament sobre aquest llibre—i sobre qualsevol altre que s'adapti als temps nous—amb la mateixa passió amb què pitgen els botons del comandament a distància de la tele.

VIGESÍMICOS

Era previsible que, un cop passada la porta del segle XXI, comencessin tot d'una les referències despectives al segle que deixem enrere.

De moment, la més interessant l'he trobada en una revista, en un anunci d'una web anomenada Office.com, que es dedica a subministrar material d'oficina, informació i diverses menes de serveis a empreses, grans o petites. És un anunci a tota plana i en color. S'hi veu una cafetera, d'aquestes d'oficina que preparen cafè americà. És un model de fa uns quants anys, potser dels setanta, entre gris i beix, que faria joc amb aquests tristos arxivadors metàl·lics de més d'un metre d'altura i quatre o cinc calaixos. A la cafetera hi ha un parell de gerres esfèriques, de vidre resistent a l'escalfor, plenes de cafè. Sobre la foto, el titular: «¿Encara beus cafè per ser més productiu? Això és tan segle XX...»

«Tan segle XX...»! M'ha emocionat. És enginyós perquè fins ara ningú no havia fet servir mai aquesta qualificació cronològica per desprestigiar alguna cosa. El raonament és simple: en el segle XXI, beure cafè ja no és la solució per ser més productiu a l'oficina. La solució és comprar online a Office.com. El qualificatiu és tan bo que es pot fer servir en moltes altres ocasions.

—Mira, Àlex—diu la Mònica, abans d'agafar les maletes, tipa de l'actitud rutinària i sense horitzons d'ell—, tu i jo no podem entendre'ns. Ets tan segle XX...

Ho pot dir ella d'ell, però també ell d'ella, per la seva militància mediambiental, per exemple, o per aquests pantalons que fa servir, acampanats i de colors fluorescents:

—Mira't al mirall, Mònica. Tu sí que ets pur segle XX.

Serveix per menyspreus personals, però també generals:

—Ah, la solidaritat! Aquella idea tan segle XX...

O per deixar anar l'enveja. El jove aspirant a cineasta, que amb prou feines si ha gravat un discret videoclip i ja li sembla haver revolucionat el món, pot fer-lo servir per opinar dels consagrats:

—¿Almodóvar? Bah, és tan segle XX...

En espanyol és, a més, l'expressió que substitueix l'adjectiu «decimonónico» que, al segle XX, sovint es feia servir com a sinònim de caduc. El diccionari en recull dues accepcions. La primera: «Perteneciente o relativo al siglo XIX.» La segona: «Anticuado, pasado de moda.» Per això, davant del paral·lelisme, hi hauria la possibilitat d'encunyar, ja, el nou adjectiu equivalent. Si «decimonónico» neix de «decimonono», de «vigésimo» en naixerà «vigesímico».

No sona gens malament. N'hi ha prou de repetir-ho unes quantes vegades per comprovar que ben aviat resulta fàcil: «vigesímico». És una paraula esvelta, amb un cert aleteig aristocràtic. Sembla mentida que encara no l'hagués inventada ningú: «vigesímico». De seguida que la paraula es consolidi, d'aquí a uns anys la recollirà el diccionari: «**Vigesímico, -ca.** adj. Perteneciente o relativo al siglo XX. **2.** Anticuado, pasado de moda.»

La versió catalana vindrà de seguida. Igual que «decimonónico» ha donat, en el patuès català que ara es parla, «decimonònic», «vigesímico» donarà «vigesímic». Ja són vigesímiques les pel·lícules de Pepe Isbert, les bales bumbum, la nouvelle cuisine i les novel·les de Franz Kafka. Són vigesímics els discos de vinil, Jean-Paul Belmondo, Malcolm X, Pilar Primo de Rivera, els Beatles i el biscúter. De manera que el que la Mònica podria dir, mentre agafa les maletes per anar-se'n, és:

—Mira, Àlex, tu i jo no podem entendre'ns. Ets tan vigesímic...

—Compra't un bosc i perd-t'hi, carinyo.

—¿Te n'adones? Fins i tot aquesta frase és vigesímica.

FUTBOL I DRETS D'AUTOR

La idea és que els futbolistes aconsegueixin el que podríem qualificar de drets d'autor de cada gol que fan. Així, cada vegada que en passin un a la televisió cobraran una quantitat de diners a determinar. ¿Per què? Doncs perquè, tal com deu haver notat fins i tot el teleespectador amb menys capacitat d'observació, els gols bons els passen un cop i un altre. I un altre, i un altre. I un altre, fins a atipà'ns-en.

Els passen per anunciar el pròxim partit que retransmetran, els passen per intentar que ens apuntem a un canal esportiu determinat, els passen per ensenyar-nos el resum de l'última jornada. Els passen dia i nit, en plena temporada o a l'estiu. La proposta de copyright s'ha fet pública durant el congrés sobre comercialització del futbol que s'ha celebrat a Londres. Parteix del supòsit raonable que cada gol és producte de l'habilitat del qui el marca i que, per tant, en aplicació de la llei de drets d'autor vigent per tantes altres activitats creatives, cada cop que en passen un l'autor hauria de tenir dret a uns royalties. La proposta encara adquireix més sentit si considerem que, moltes vegades, els gols els repeteixen perquè els teleespectadors es treguin la targeta de crèdit i paguin per veure el partit per satèl·lit. Si les cadenes cobren, ¿per què no els autors dels gols amb els quals els inciten?

Ràpidament han aparegut reaccions contràries, que diuen que la proposta és absurda. El futbol—argumenten—és un joc d'equip i ni els gols més individualistes són obra d'un sol autor. Perquè tots neixen d'una jugada embastada per diversos futbolistes. Fins i tot el gol de penal és fruit d'una jugada prèvia en la qual ha intervingut més d'un jugador. Per això, en cap cas no són fruit únicament de les estrelles. Aquest és l'argument innocent dels que s'hi oposen, que es refuta de seguida si pensem que les pel·lícules també són fruit d'un munt de gent—des dels attrezzistes fins al director, passant pels guionistes, els il·luminadors i la cosidora—i en canvi són les estrelles les que cobren una quantitat de diners cada cop que les passen per la televisió.

De moment, el debat encara no ha arribat aquí, però segur que hi arribarà algun dia no gaire llunyà. I quan arribi caldrà pendre partit, a favor o en contra dels royalties. Jo hi aniré a favor. Perquè donar una quantitat als golejadors per cada gol, cada cop que el passin, servirà per accentuar la comercialització frenètica d'aquest esport. No veig per quina raó, posats a fer, ens hauríem d'aturar en la fase de comercialització actual i no estar a favor que la cosa creixi cada cop més. Si pensem en el festival economicomassmediàtic d'alguns clubs, els futbolistes cobren poc, per molt que cobrin, i s'entén que a més esgarrapin el que puguin, de qualsevol lloc. ¿Que cobrin per cada gol que passin per la televisió? Esclar que sí. I que els que fan passades de gol també cobrin. Hi ha passades maquíssimes, tant com el gol que en resulta. Per tant, que també els donin una quantitat per cada passada. I als defensors, una quantitat per cada cop que allunyin la pilota. I als porters, evidentment, una quantitat cada cop que passin les parades que fan. O els gols que els fan, perquè de vegades hi ha errors tan suculents que els passen més vegades que les parades espectaculars. Per cert, la quantitat a percebre per cada gol que els fan hauria de ser igual que la que cobra qui marca el gol. Perquè, per molt que la bellesa de la tensió estigui en el xut de l'atacant, no hi ha heroïcitat sense la necessària derrota del porter. Si la glòria pertany a l'un i la humiliació a l'altre, els drets d'autor els corresponen a tots dos.

Fins i tot l'àrbitre hauria de cobrar cada cop que a la televisió repeteixen alguna de les seves arbitrarietats. Perquè, gràcies a elles, beneficiats i perjudicats descarreguen l'adrenalina cada cop que les veuen. En el cas de l'àrbitre, la quantitat a percebre hauria de ser doble, perquè, per pura lògica l'hauria de repartir al cinquanta per cent, amb la seva mare.

ALCOHOLÈMICS ANÒNIMS

L'Associació Professional d'Agents Forestals proposa de sotmetre els caçadors a proves d'alcoholèmia, per evitar que vagin a caçar beguts. El seu portaveu a Àvila, Víctor Coello, va subratllar la perillositat de la feina que realitzen els forestals i va recordar que «en diversos casos ja han tingut problemes amb caçadors que havien ingerit alcohol».

El perquè de la proposta s'entén tot d'una i té un interessant matís grotesc, a l'estil Berlanga. És fàcil d'imaginar la indignació de les colles de caçadors, que comentaran la notícia el pròxim dia que es trobin al voltant d'una taula per esmorzar a mig matí, després d'haver caçat durant unes quantes hores. «Però ¿per qui ens prenen, els forestals, per acusar-nos de bevedors?» Un cop més s'imposarà l'esperit gremial, que considera que qüestionar alguns membres és el mateix que acusar-los a tots. Cada col·lectiu que rep un avís dient que a partir d'ara se'ls sotmetrà a proves d'alcoholèmia posa el crit al cel. També van protestar els ciclistes, per exemple, quan se'ls va avisar que havien d'acceptar aquesta mesura. ¿Sotmetre's a proves d'alcoholèmia, els ciclistes, tan purs i mediambientals? Les proves d'alcoholèmia són pels vils automobilistes, i perquè van promulgar les normes fa molt de temps; si les promulguessin ara també protestarien.

Això és tenir la sensibilitat a flor de pell. No veig

que sotmetre's a proves d'alcoholèmia sigui tan ofensiu. Si no has begut, bufes pel tubet i quedes com un senyor. I, si has begut més del compte, t'aparten de la circulació durant una estona, la qual cosa també et beneficia. ¿Potser és el fet de bufar pel tubet el que els resulta humiliant, perquè els recorda certa pràctica sexual? S'ha de ser molt perepunyetes i amant de la metàfora, perquè amorrar-se a l'ampolla també hi fa pensar i molts conductors s'hi amorren sense vergonya.

Trobo la mar de bé que se sotmeti a tothom a proves d'alcoholèmia, tant si són automobilistes, com motoristes o ciclistes. Als vianants també, perquè n'hi ha que de cop travessen el carrer pel lloc més impensat i sense mirar a cap banda. Que facin la prova d'alcoholèmia als caçadors em sembla perfecte. I, posats a fer, jo l'ampliaria als boletaires, perquè n'hi ha que amb els rascles que porten aniquilen qualsevol senyal de vida micològica amb la mateixa tranquil·litat amb què Ieltsin pessigava el cul de les secretàries després de dues ampolles de vodka. I, ja que parlem del jubilat Ieltsin, ¿no s'haurien de fer controls d'alcoholèmia als polítics, i no en vull assenyalar cap? I als escriptors, als cineastes, als actors de teatre... La quantitat de funcions que s'han hagut de suspendre per una «indisposició» de la protagonista.

Que l'alcoholèmia és un problema greu va quedar definitivament clar deu fer cosa de tres anys, un matí poc abans de les vuit. Quan comentava la programació televisiva del dia, una periodista del programa *Catalunya Matí*, de Catalunya Ràdio, va explicar a Gaspar Hernàndez que aquella nit, a la cadena tal, passarien *Dies de vi i roses*, una pel·lícula on Jack Lemmon—va dir—«interpreta el paper d'un home amb problemes d'alcoholèmia». «D'alcoholèmia»! ¿Què se n'ha fet del vell i entranyable alcoholisme?

FÒSSILS CONTEMPORANIS

Dissabte passat, Elisa Cenzano Serra s'interessava, en una carta dels lectors, pel costum que tenen molts bars de portar-te l'entrepà amb el tovalló de paper a sota. Amb molta lògica, la senyora Cenzano es preguntava per què a sota. «¿Perquè el pa no toqui directament el plat? ¿És per deixar entendre que el plat no és prou net?» És realment absurd. Absurd i improcedent, perquè, efectivament, moltes vegades el tovalló queda inutilitzable. Quan el pa està sucat amb tomàquet, o simplement amb oli i sal, l'oli regalima poc o molt i taca el tovalló, de manera que ja no serveix per l'objectiu que en principi tenia: netejar. Tal com diu la senyora Cenzano, si a l'entrepà hi ha formatge fos (per exemple al biquini) l'empastifada ja és total.

Només se m'acudeix una explicació. En un temps no gaire llunyà, el tovalló anava sobre l'entrepà. (En alguns bars, sobretot de poble, encara els porten així.) És lògic. Si l'oli degota, va a parar al plat però el tovalló queda net. Pel camí des de la cuina fins a la barra o la taula, el cambrer l'aguantava contra l'entrepà perquè no se n'anés volant i acabés a terra. Però, si duia uns quants entrepans, aguantar tants tovallons era una feinada. I, sovint, un cop l'entrepà era davant del client, n'hi havia prou que aquest fes un gest brusc o que corrés l'aire perquè de totes maneres el tovalló acabés a terra, i el cambrer n'havia de dur un altre. ¿Solució? Posar-lo sota l'entrepà i llestos.

¿Que és absurd? Sí. Com tants altres rituals fossilitzats de l'hostaleria. Són accions que en un temps tenien sentit però que la rutina i la ignorància han fet tornar il·lògiques. Recordo una nit a Nova York, fa divuit anys, en un restaurant de moda a prop de Washington Square: el One University Place. Hi sopava, i vaig demanar vi blanc. El cambrer el va dur, amb un litó (aquell tovalló de roba per servir el vi) i una xampanyera per deixar-lo en fresc. Va posar vi a les copes correctament, i va cobrir l'ampolla amb el litó per evitar que la humitat caigués a la taula, però després d'això, com que no sabia què fer-ne, el va observar un moment i el va submergir a la xampanyera! Fins al fons, en l'aigua i els glaçons, de manera que el va inutilitzar per la resta del sopar.

¿Què havia passat? Que per ell es tractava d'un ritual sense sentit. Li devien haver explicat com ho havia de fer, però, com que no devia estar acostumat al vi, ignorava que cada un d'aquests gestos respon a una lògica. Va fer els dos primers passos bé—portar la xampanyera i posar el vi—, però no va saber fer el següent: col·locar el litó sobre l'ampolla i la xampanyera, sense mullar-lo. Va fer justament el contrari del que calia: posar-lo en remull. Com que no s'havia aturat mai a reflexionar el perquè de cada pas que feia, havia fossilitzat el ritual. De la mateixa manera que molts bars han fossilitzat el ritual lògic d'acompanyar amb un tovalló de paper l'entrepà que serveixen, sense adonar-se que, en molts casos, quan el col·loquen sota l'entrepà fan que no serveixi per res.

MOLTA ARROVA I POC SABÓ

Des de fa setmanes els carrers són plens de tanques publicitàries on Aznar apareix sobre un fons de paraules evanescents: «bienestar, menos impuestos, progreso, educ@ción, empleo, ahorro...» Són aquestes tanques que Rubalcaba relaciona amb els fons de paraules evanescents dels telediaris de tarda de Tve, als quals acusa de propaganda subliminal per aquesta semblança. No entrarem en aquestes disputes preelectorals sinó en la a de la paraula «educ@ción», que apareix substituïda per una arrova. ¿Per què Aznar escriu «educ@ción» i no «educación», com tothom? ¿Quin mal li ha fet la vulgar a, la plebea a, primera lletra de l'abecedari, per substituir-la per una arrova? Si al cognom no hi té cap altra vocal! ¿Des d'ara firmarà també @zn@r?

Als petimetres els sembla el súmmum de l'originalitat. També Paco Frutos posa arroves als seus cartells, una versió sui generis d'arroves, amb la a dins d'una o sencera. Són aquests cartells on es llegeix: «Somos necesari@s» i «Eres necesari@». La totxesa és la mateixa, però, a diferència de l'asexuada «educ@ción» del Pp, a les arroves d'Iu se'ls suposa una voluntat «no sexista». Com que escriuen «necesari@» i «necesari@s», als paladins de la causa políticament correcta els sembla que la igualtat de sexes ja és un fet. Escriure «todos los ciudadanos» és sexista; escrivint «tod@s l@s ciudadan@s» se soluciona de cop la discriminació per motiu de sexe, la desigualtat, els sous més baixos, la violència conjugal... «Tod@s l@s ciudadan@s» es pot llegir com «todos los ciudadanos» i també com «todas las ciudadanas», però—com que l'arrova no és una a, ni una o, sinó la suposada suma de totes dues—és molt més encertat llegir-ho com «todoas loas ciudadanoas» que, ves per on, sona a basc. I rima, per exemple, amb el restaurant Chicoa (¿Chic@ d'ara endavant?) i fins i tot amb Ignacio Aldecoa, que no va firmar mai Aldec@ perquè a la seva època l'arrova dormisquejava als llimbs dels justos.

Van ser algunes oenagés i els okupes (ke es kreuen kreatius) els que van començar a fer servir l'arrova amb intenció «no sexista». A les parets dels instituts de secundària encara hi ha restes de cartells que demanen «Libertad antifascistas pres@s» (també en català: «Llibertat antifeixistes pres@s», amb l'última paraula acollint-se a l'ortografia prefabriana, suposo) i anunciant concerts «pro pres@s». Que l'arrova bisexual hagi passat dels grups soi-disant antisistema al mateix Pp és una prova més que la correcció política és una farsa sense ideologia, una mera moda, entre ieié i lolaila, que desbrava fins i tot l'impacte dels insults. Si, enmig d'una reunió, algú exclama «¡Hij@ de put@!» ni tan sols aquell a qui vol ofendre sabrà que el crit va per ell, perquè no quedarà clar si és home o dona, ni tan sols si el progenitor implicat—per la seva activitat laboral—és el pare o la mare, ja que, gràcies a les ambigües arroves, tant pot tractar-se d'un «hijo de puta» com d'una «hija de puta». O d'una «hija de puto» o d'un «hijo de puto», que hi ha de tot a la vinya del Senyor.com.

COGNOMS

Últimament tothom es queixa de la baixa natalitat que hi ha a Espanya, l'estat—diuen—amb menys natalitat del món. Per tal d'incentivar la procreació, fa uns quants mesos José María Aznar va declarar: «M'agraden molt els nens. M'agradaria haver tingut més nens. Són molt importants els nens. És molt important que hi hagi nens. A Espanya hi ha molt pocs nens i haurien de néixer més nens.» Curiosament—o no—és un elogi de la paternitat similar al que va pronunciar Jordi Pujol deu fer uns quinze anys, quan es va adonar que a Catalunya la natalitat estava en hores baixes. Pujol, més matemàtic que Aznar, en aquell moment va calcular el nombre exacte de fills que havia de tenir cada parella: tres. La burla que es va organitzar a Catalunya va ser considerable. Des d'aleshores, els periodistes catalans han convertit això dels tres fills per parella en una broma constant cada cop que es parla de Pujol i de la seva incitació a augmentar el nombre de fills per família. És una broma que, sorprenentment, no s'ha aplicat a la proposta d'Aznar.

Sigui com sigui, el cas és que la gent procrea poc.

I una de les conseqüències de procrear poc és que molts cognoms desapareixen. Només cal clavar una ullada de tant en tant a les esqueles dels diaris per comprovar que de vegades enterren gent amb cognoms que abans no havíem sentit mai, alguns de bonics, o de suggestius, o d'una clara rotunditat sonora. I és molt probable que, de vegades, algun d'aquests cognoms inhabituals ho sigui tant que es mori precisament amb la persona que l'esquela anuncia que ha finat.

És cert que les immigracions porten cognoms nous, alguns de tan bonics, suggestius o sonors com els que moren. Però una bona notícia no és mai excusa perquè no s'intenti evitar la dolenta. I la dolenta és que els cognoms l'últim portador dels quals es mor s'esfumen per sempre més. A diferència de les estàtues que treuen de la via pública, no hi ha cap magatzem per guardar-los. Passa el mateix que amb els pobles d'alta muntanya, de mica en mica abandonats pels habitants, fins que un dia només queda una persona que hi viu. I, quan aquesta persona es mor, el poble també es mor. Però els pobles tenen l'opció de ressuscitar quan, després d'anys o lustres, els habitants d'alguna ciutat més o menys propera comencen a restaurar-ne una casa, després una altra, i al cap d'un temps totes s'han convertit en segones residències i en certa manera el poble ressuscita i, amb el pas dels anys, fins i tot s'hi obre algun restaurantet o una fonda, i dels que només hi anaven de vacances n'hi ha algun que s'hi queda a viure definitivament. En canvi, els cognoms no tenen aquesta possibilitat. Ningú no els pot rehabilitar ni tornar-los a la vida.

No veig per què ha de ser així. No seria pas difícil organitzar un arxiu de cognoms que ja no porta ningú. Amb el desenvolupament de la informàtica ha de ser fàcil controlar quins cognoms han desaparegut durant els últims quinze anys, per exemple, i consignar on i quan van morir les últimes persones que se'n deien. I a poc a poc anar-hi afegint tots aquells cognoms perduts en dècades i segles passats que es puguin documentar. ¿De què serviria aquest banc de cognoms? En una altra època, hauria estat una solució pels nens que es veien forçats a exhibir el seu Expósito tota la vida, en determinades zones, o bé, en d'altres, a adoptar com a cognom el nom del sant del dia. Però ¿ara servirien per això? Als escriptors que sempre tenim treballs a l'hora de batejar els personatges de ficció amb noms i cognoms de gent de carn i ossos, ens seria molt útil: podríem recórrer al banc de cognoms, triar els que ens interessessin i donar-los una nova vida de ficció amb la tranquil·litat de saber que en el món real ja no els porta ningú que sigui viu.

VES QUINS OUS

Des de divendres que ve i fins al 8 de març, a Barcelona se celebrarà el carnaval. En un devessall d'imaginació i creativitat sense precedents, aquesta vegada du el títol de Barnaval, un joc de paraules—no sé si l'han pescat—entre carnaval i Barna, que és com els joves de poble anomenen Barcelona:

—¿Que baixes a Barna, aquesta nit?

La creativitat que ens envaeix és tan gran que, no prou satisfets amb l'invent del molt enginyós nom de Barnaval, encara han tingut una altra idea: convocar un concurs de truites. Però no pas un concurs qualsevol. Es tracta, ni més ni menys, d'un concurs per escollir la recepta de la «truita a la catalana».

¿Quina necessitat tenim d'una «truita a la catalana» homologada i registrada? Cap ni una. Els catalans arrosseguem mil anys d'existència sense que la falta d'una truita oficial ens hagi impedit arribar a les aclaparadores quotes de decadència que ostentem actualment. El raonament dels nostres patriotes ouaires salta als ulls: si hi ha una truita a la francesa i hi ha gent que anomena truita a l'espanyola la truita de patates, ¿com pot ser que no hi hagi una truita a la catalana? Es deuen pensar que les nostres senyes d'identitat necessiten una truita amb denominació d'origen com les caderneres l'aire que respiren.

Tant li fa que els francesos, lògicament, no diguin truita a la francesa a la truita que aquí s'anomena així; de la mateixa manera que tenen un altre nom pel mal francès. Tant li fa que els que anomenen truita a l'espanyola la truita de patates siguin hereus dels que, durant els anys quaranta, per no dir que l'ensaladilla era russa la van batejar amb el nom d'«ensaladilla nacional». Sempre ha estat ridícula l'obsessió per posar gentilicis propis als plats. Com l'ofuscació de dir crema «catalana» al que sempre s'ha dit crema de Sant Josep—o cremada, si ho està—, una crema que, per acabar-ho d'adobar, no és ni molt menys exclusiva de Catalunya. Ara només ens faltava això de la truita a la catalana. El patriotisme de pa sucat amb oli que ens envolta ens fa assemblar cada cop més a Perpinyà: allà tot és *à la catalane*, en una gamma que va del folklore al fòssil.

El detall més curiós de l'assumpte és que, de fet, la truita a la catalana ja existeix. ¿Pot ser que els organitzadors del concurs no ho sàpiguen? En aquest país es fan truites de moltes menes: de patates, de patata i ceba, de ceba, de farina, a la jardinera, a la masovera, a l'abreviatura, farcides amb carn picada, amb formatge, amb espàrrecs, amb mongeta tendra, amb peix, amb rabassoles, amb botifarra... I la cridanera truita de mongetes seques. Doncs bé, en certs llocs de Catalunya, d'aquesta truita també se'n diu truita a la catalana. Només en certs llocs, perquè, afortunadament, a la major part del territori se'n continua dient truita de mongetes, i prou. Si el sentit comú de la majoria de ciutadans ha evitat que la denominació de «truita a la catalana» es generalitzi, ¿quina necessitat hi ha ara de forçar les coses i lluitar contra una de les escasses mostres de seny de la nostra tribu?

ELS GAUDÍS FUTURS

Els diaris anuncien, amb grans titulars, que el Vaticà ja ha donat la conformitat per iniciar el procés de beatificació d'Antoni Gaudí, arquitecte que molts mitjans de comunicació qualifiquen amb raó de «genial».

Sorprèn la celeritat amb què la Congregació per les Causes dels Sants ha indicat al cardenal arquebisbe de Barcelona, Ricard Maria Carles, que no hi ha cap problema per començar el compte enrere. Tan sols dos mesos i mig després d'haver-ho sol·licitat! Normalment aquestes coses se les prenen amb calma, perquè pel món corre molta falsa bondat i no tots els aspirants a beat són tan bons com els pinten. Aleshores, ¿per què tantes facilitats en aquest cas, si sovint el fet d'obrir un procés de beatificació és un mar de problemes?

D'entrada perquè és seglar, i això és un punt a favor. A la Congregació per les Causes dels Sants li interessen els futurs sants seglars. També perquè és arquitecte i encara no hi ha cap arquitecte sant. I, després, perquè és conegut arreu del món. El fenomen Gaudí està arribant a uns nivells impensables dècades enrere. Onades de turistes arriben cada dia a Barcelona només per veure'n els edificis. I tornen a casa carregats de records—des de cendrers fins a cadires—amb la marca de Gaudí. Aquella Susan Seidelman que anys enrere buscava la Susan desesperadament, ara roda a Barcelona una pel·lícula—amb Lili Taylor de protagonista—que du el títol de *Tar-*

des amb Gaudí; de tan comercial que s'ha tornat aquest cognom. I està a punt de solfa una sèrie de dibuixos animats, *The Gaudins*, creada per l'empresa Abilbo i produïda per Phil Roman, realitzador d'*Els Simpson*.

¿Com volen que no interessi un beat tan popular? Serà un superstar. Un cop aconseguida la beatificació, cosa lenta però assegurada, aleshores faltarà un miracle—posterior a la beatificació—que confirmi la santedat de l'arquitecte. No serà difícil trobar-lo, perquè ara ja hi ha molts espontanis que escriuen explicant que Gaudí els ha fet un miracle. Des de sense feina que han aconseguit un lloc de treball després d'encomanar-s'hi, fins a persones amb tumors cerebrals que, després de resar-li, han recuperat la salut. I això només és el principi, perquè tan bon punt es dispari la fama miraclera de Gaudí encara es podrà triar i remenar més: tants miracles com necessitin, i només en necessiten un. I tot això a pesar que —tal com recordava Josep Maria Carandell fa poc—el mateix Gaudí hagi deixat clar que s'oposa a ser beatificat: fa uns quants anys, al temple de la Sagrada Família va deixar caure una escultura seva sobre una criatura i la va esclafar.

Però el negoci és el negoci i no està per romanços ni senyals del cel. L'Associació pro Beatificació d'Antoni Gaudí ja ha editat estampetes amb la imatge de l'aspirant a beat, per tal que el personal se li encomani. De moment hi ha estampetes en català, en castellà, en anglès i—només faltaria—en japonès. Amb Gaudí als altars, la fe catòlica tindrà una altra carta per jugar al Japó. I quan arribi a sant, batejaran nens d'arreu del món amb el seu nom. Serà sant Antoni Gaudí a Catalunya, i també serà san Antonio Gaudí i saint Antoine Gaudí—que poc que durarà aquest accent a França!—i saint Anthony Gaudí als països que parlen anglès. I, de la mateixa manera que als nens batejats amb el nom de sant Francesc de Borja la gent els diu Borja i als que oficialment es diuen Josep Oriol tothom els diu Oriol, als que bategin com a Antoni Gaudí els acabaran dient Gaudí:

—Gaudí, apaga l'ordinador i vés a rentar-te les mans, que el sopar és a taula.

—Un moment, mama, que acabo la partida.

—Gaudí, no em facis empipar.

Els francesos ho pronunciaran «Godí» i els anglesos com si fos una paraula plana. I al Japó serà un nom que farà furor. Tindrem munts de Gaudí Yasumoto i de Gaudí Kobayashi (¿o els noms es posen al darrere: Yasumoto Gaudí i Kobayashi Gaudí?). I després vindran els abreujaments. Molts pares, empesos pel carinyo, començaran dient-li Gaudinet, diminutiu que amb el temps acabarà convertint-se en Net. Però també n'hi haurà un altre, inevitable: Gau.

—Gau, plis, apaga la calefa.

Només podem esperar que, tan ràpidament com sigui possible, la similitud amb l'onomatopeia castellana del lladruc del gos relegui a l'oblit aquest hipocorístic.

FRENADES

Dissabte, el gran Boris Izaguirre explicava a «La contra» el que va passar el dia que una nòvia que va tenir i ell van decidir anar-se'n al llit: «Anàvem a ficà'ns-hi... i aleshores vaig veure els llençols que hi tenia. Quin estampat més horrorós! Una flor equivocada, un beix lletgíííssim... se'm va arronsar tot.» Són confessions tan descarnades com les de José Luis de Vilallonga a les seves memòries, quan parla del que li va passar quan tenia catorze anys amb una senyora que segons ell li deia: «Let's see what we got here...», mentre li acariciava l'entrecuix. Però Vilallonga va complir, malgrat els catorze anys i la frase carrinclona, igual que Izaguirre amb la nòvia, sense fer cas de les flors equivocades i del beix tan lleig. Va complir, explica Izaguirre, «perquè tot el col·legi major estava expectant i no els vaig voler defraudar». Bon minyó.

D'altres vegades no acaba així. Una frase equivocada, un pòster d'Emma Thompson a la paret, i tot se'n va en orris. Acaba d'aparèixer una biografia de Cybill Shepherd titulada *Cybill disobedience* (*Desobediència Cybill*), on l'actriu explica els seus embolics amorosos. Amb Bruce Willis en va tenir un a l'època en què tots dos van protagonitzar *Luz de luna*. Shepherd explica que, després de rodar una escena especialment tòrrida, va suggerir a Willis de continuar-la en privat. Willis no es va fer pregar. A l'hora acordada va arribar a casa de l'actriu amb una ampolla de vi. Shepherd explica: «No havia passat gaire estona quan ens vam posar a llepar-nos la cara.» No està gens malament. Però aleshores, entre les llepades i les grapejades prèvies a la còpula imminent, Shepherd li va preguntar si li semblava correcte que dos companys de feina tinguessin tracte carnal. Willis va aturar immediatament mans i llengua. «Potser tens raó», va dir. Es va vestir i va tocar el dos.

¿Què va passar pel cap de Willis? ¿Què el va frenar exactament? ¿Els problemes que sovint comporta anar-se'n al llit amb companys de feina? Potser. ¿Que el comentari de Shepherd fos un tòpic? No necessàriament. Remarcar com és d'arriscat mantenir relacions sexuals amb companys de feina fins i tot pot ser un al·licient. En canvi, a Willis li va semblar prou motiu per vestir-se i marxar. Hi ha moltes situacions similars. Recordo la que va viure una coneguda meva. En plena morrejada amb un senyor, mentre passaven la porta de l'habitació cap al llit, ella va tenir la pensada de dir: «No t'esveris. Xisclo molt.» La imatge d'una persona que es desfà de gust pot ser suggestiva, però en aquell cas al senyor li devia semblar que no. Qui sap què va pensar. ¿En els xisclets de la histèria, en un escorxador de porcs, en els ultrasons d'un ovni? El cas és que va optar per no acabar de passar la porta del dormitori i, mentre reconduïa la situació cap al rebedor, va proposar anar a sopar a un restaurant d'allà a prop.

¿Quin mecanisme de mandra o avorriment s'activa per renunciar de cop al que fins aleshores s'havia anhelat? Quants polvos perduts per culpa d'un clixé, d'una porcellana de Lladró o d'un llibre de Paulo Coelho a la tauleta de nit.

TELEVIDENTES TODOS

Tres professors de la Universitat Pompeu Fabra han elaborat un estudi sobre la imatge que donen de Catalunya les televisions d'àmbit estatal: TVE1, La 2, Antena 3, Telecinco i Canal Plus. L'informe, que s'acaba de fer públic, és interessantíssim.

D'entrada, la imatge que els teleespectadors espanyols reben té tres protagonistes bàsics: Jordi Pujol, el FC Barcelona i la ciutat de Barcelona. Els altres valors que configuren la identitat—territori, llengua, tradició cultural, econòmica, comercial i laboral—no apareixen mai. Com si no hi fossin. La identitat de Catalunya és, doncs, una nebulosa difusa i inconcreta que es presenta com a dependent de Madrid o rivalitzant-hi. La ciutat de Barcelona és «la segona ciutat d'Espanya», mai la capital de Catalunya i sempre va absolutament deslligada del país. (De la mateixa manera que els tennistes són catalans si perden i espanyols si guanyen, en un procés similar al que va convertir Javier de la Rosa en «empresari català» tan bon punt va començar a tenir problemes amb la llei.) De Pujol se n'ofereix sobretot una imatge satírica. Més que no pas com a president del govern català, apareix com un ninot que té a la vida la missió única de burxar Madrid per treure'n quatre rals.

S'equivocarien els que a partir de les valoracions d'aquest estudi es limitessin a doldre's de l'impacte que aquesta imatge manipulada té en els teleespectadors de fora de Catalunya. Perquè totes aquestes televisions també es veuen aquí i contribueixen, de manera radical, a crear una determinada imatge del país entre nosaltres mateixos, sobretot en aquella part de nosaltres mateixos que dóna per bo tot el que diu la tele. Pots somriure o gratarte les gònades davant del maniqueisme que la majoria de programes televisius—i radiofònics—espanyols mostren amb Catalunya, però molts ciutadans acrítics s'ho empassen i ho computen.

«És català tothom que viu i treballa a Catalunya», deien durant la transició. Com si volguessin contradir aquesta divisa, durant els últims anys els partits polítics s'han esforçat a mantenir la meitat dels catalans en formol, com a immigrants perpetus, capaços de transmetre la seva «immigrantesa» generació rere generació, impermeables al hinterland que els envolta. Només cal afegirhi aquesta imatge manipulada de Catalunya que els donen les televisions i pensar que la televisió és cada cop més la realitat i que el que s'hi veu és irrefutable («as seen on TV!»: anunciat a la tele!). Només cal entrar en un taxi barceloní, en un supermercat de Tarragona, en un bar de Roses... Només cal circular parant les orelles per veure que aquesta «identitat difusa», aquesta noció borrosa de Catalunya i del que és català, ja no s'ha d'anar a buscar més enllà de Fraga, perquè també és la de molts dels nostres veïns d'escala. ¿Com podria ser altrament, si per grans masses de la població la realitat política de Catalunya és la que els pinten en programes com ara *El Informal*? És una imatge constant que cala «com una pluja fina», i diria una mentida si fes veure que no recordo d'on em sona la frase.

GRÀCIES PER LA PROPINA!

Hi ha gent que desconfia de qualsevol mena de descompte o de rebaixa perquè en cada oferta de ganga intueixen el saldo, la tara o la liquidació de camises a punt de passar de moda per deixar neta la botiga i poder-la omplir amb les camises de la temporada següent... ¿I quantes rebaixes s'anuncien sobre productes als quals havien apujat el preu prèviament per poder-lo abaixar en aparença i vendre'ls, de fet, al preu al qual els haurien venut des del començament sense totes aquestes martingales?

Però aquestes actituds de recel són l'excepció. En general, al públic l'entusiasmen els descomptes. A la tele, el quiosquer de l'anunci de la Telefònica diu al comprador que el diari val cent vint-i-cinc pessetes i el comprador, presa de la síndrome de descomptes amb què les companyies telefòniques venen duros a mil pessetes, li pregunta:

—Y con el descuento ¿en cuánto se me queda?

El quiosquer es molesta, amb raó. ¿Per què li ha de fer cap descompte pel diari, tot un món de pàgines amb paraules i fotos que només val cent vint-i-cinc pessetes? (I a veure quin dia n'actualitzem el preu.) Doncs amb els llibres passa el mateix, amb la diferència que, així com el quiosquer de l'anunci s'emprenya i no cedeix a la demanda de descompte, els llibreters sí. Sí senyor, durant el Dia del Llibre els llibreters apliquen—a cada llibre que els compren!—un deu per cent de descompte. I, com tots els llibreters saben, aleshores passa una cosa fascinant:

els clients s'hi acostumen i la resta de l'any insisteixen a obtenir el mateix:

—Y con el descuento ¿en cuánto se me queda?

En canvi, molts d'aquests que demanen descompte al llibreter després van al restaurant i, per dos plats amb mig moll amb aroma de vainilla i unes croquetes gasoses, no tan sols paguen les dotzenes de milers de pessetes que els demanen sinó que deixen mil o dues mil pessetes de propina. Agafen un taxi i donen propina. Donen propina al butaner i al de les pizzes. Donen propina a l'acomodador del cine i a l'amo del bar que els serveix de mala gana un entrepà amb un tall de pernil que fa una mil·lèsima de mil·límetre de gruix. Quina actitud més contradictòria! Tinc una proposta per fer. ¿Per què no som realment originals i d'ara endavant, a partir d'aquest peculiar Dia del Llibre de cent seixanta-vuit hores, apliquem a la llibreria els usos del restaurant?

—¿Quant val?

El llibreter agafa la pila de llibres i els passa el lector de codi de barres.

—En total, 11.700 pessetes.

Poses un parell de bitllets de deu mil al taulell i, quan et tornen el canvi, ho reculls tot menys mil pessetes, que el llibreter agafarà amb un discret «Moltes gràcies». Les llibreries-papereries de barri, més populars, fins i tot poden posar un pot al costat de la caixa enregistradora i un esquellot a la paret, que faran anar amb energia mentre criden «Gràcies per la propina!» si la propina que deixa el client és excepcional. D'aquesta manera liquidaríem el costum absurd de demanar descompte al llibreter, com si fóssim al gran basar d'Istanbul practicant el lamentable art del regateig.

LA PERILLOSITAT DELS CONS

Segurament amb sorpresa, molts de vostès deuen haver observat de vegades la presència d'uns curiosos artefactes sòlids, d'aparença plàstica, formats per una base plana de perifèria corba i una superfície formada per les rectes que uneixen cada punt de la base amb el vèrtex. Són això que, per abreujar, anomenem cons de trànsit o, amb més imprecisió, simplement cons. Apareixen de sobte a carreteres, carrers, gasolineres i aparcaments. Fins i tot en algun camp de futbol sovint es veu com els jugadors s'entrenen amb la pilota als peus fent zigazagues entre cons. Solen ser de colors cridaners: ataronjats o vermellosos, però també n'hi ha de ratlles. Tenen un caràcter gregari: poques vegades apareixen en solitari. Són tímids i hieràtics, i n'hi ha que sospiten que el caràcter inofensiu que aparenten és una farsa.

Per tal d'obrir els ulls de la població sobre les intencions reals dels cons, fa temps es va fundar la Lliga Anticons, amb base a Anglaterra però actualment implantada a mig món, si fa no fa. Els membres d'aquesta lliga consideren que els cons de trànsit són, en realitat, éssers que pretenen apoderar-se del planeta. No els en falten proves. N'hi ha un que explica, amb paraules que no permeten el dubte, que una nit, mentre caminava per la ciutat després d'haver passat unes quantes hores al bar, tot d'una es va trobar cara a cara amb un con de trànsit en actitud desafiadora. Sense acoquinar-se, d'una puntada de peu el va intentar apartar del mig, però va fallar. Va repetir l'acció diverses vegades sense aconseguir encertar el con, que, tanmateix, es mantenia immòbil. Després d'uns quants intents, al final el va encertar i el con va caure a terra. Aquí arriba la sorpresa del comunicant: «L'endemà vaig comprovar horroritzat que el con tornava a estar dret. ¿Com podia ser?» Amb una voluntat de ferro, va repetir l'operació amb diversos altres cons que trobava pel camí i el resultat era gairebé sempre el mateix. Escriu: «Després de diverses experiències d'aquesta mena sembla que cal concloure que, independentment del lloc on sigui el con de trànsit, si se'l tomba, al cap d'un cert temps torna a estar dret.» ¿Quina explicació s'hi ha de donar? El que ell suposa és: «Si hi ha alguna persona a prop, els cons hi exerceixen una influència indetectable i de vegades aconsegueixen que els posi drets. Com més vulnerable és la persona, més probable és que segueixi les instruccions del con. Els estudiants beguts, per exemple, com que han abaixat la guàrdia sucumbeixen a la influència dels cons i els transporten a posicions arbitràries, seguint-ne les indicacions. Hi ha estudiants que fins i tot arriben a recollir els cons i dur-los al lloc més perillós de tots: la seva habitació. Allà el con pot dominar la voluntat de l'estudiant al seu gust.»

Es pot contactar amb la Lliga Anticons a través de la seva web: http://free.prohosting.com/~evil. S'hi poden trobar notícies sobre les activitats que duen a terme contra la humanitat, idees sobre com actuar quan te'n trobes un i informació sobre les dades que els cons han obtingut de tu. La web explica com organitzar caceres de cons, com subministrar-los informacions falses per confondre'ls, com controlar-ne la presència al barri i com desxifrar-ne les transmissions. S'hi explica el cas d'un membre de la Lliga que, havent descobert la presència de dos cons a prop de casa seva, els va llençar al riu. Els cons van fer veure que s'hi enfonsaven, però més tard van reaparèixer a la superfície, tot i que amb les capacitats de transmissió anul·lades per l'aigua, de manera que eren incapaços de contactar amb la seva base. També s'hi informa de la localització de nius de cons, llocs amb aparença de magatzem de policia de trànsit on els cons, apilonats els uns damunt dels altres com si intentessin guanyar espai, aprofiten per reproduir-se i, d'aquesta manera, estendre's encara més per la Terra i acabar dominant-nos.

ELS EMPESTATS

A mitja tarda de diumenge, dia de Sant Jordi, vaig arribar a la parada que la Llibreria del Raval tenia a la Rambla, disposat a firmar llibres. Mentre preparaven la cadira i els munts, l'encarregada em va preguntar:

—¿Et fa res seure al costat de Joel Joan?

¿Per què m'havia de fer res?, vaig pensar, i m'hi vaig asseure. Ens vam saludar, ¿com estàs?, també hi havia Jordi Sánchez, ¿com estàs?, vam enraonar una estona, de llibres en general i del seu en particular, de l'escola Súnion, d'això i d'allò, i ells anaven firmant els seus llibres i jo els meus.

I, mentre firmava, anava pensant: ¿per què diantre l'encarregada m'ha preguntat si em feia res seure al costat de Joel Joan? De seguida ho vaig entendre. M'ho devia haver preguntat perquè la tensió que va començar a despuntar fa uns quants dies del Llibre deu haver augmentat i aquest any ja hi deu haver escriptors «purs» que no volen seure al costat dels anomenats «mediàtics», que consideren empestats.

N'hi ha que expliquen la seva actitud clarament: si el pur s'asseu al costat d'un mediàtic, es forma una barrera de fans tan important que queda aïllat, separat dels vianants que es podrien interessar pel seu llibre i no hi poden accedir perquè la barrera de fans del mediàtic ho impedeix. A més, expliquen, la comparació és humiliant. L'estrella de televisió firma a un ritme de trenta llibres per minut i el pur, un cada cinc minuts. «S'hi ha de fer alguna cosa, perquè no pot ser que l'any que ve això continuï igual», deia diumenge un pur prestigiós mentre contemplava horroritzat com un mediàtic s'atipava de firmar.

¿Realment s'hi ha de fer alguna cosa? Jo diria que aquesta cosa que «s'ha de fer» ja està feta, perquè la mateixa divisió entre puresa i massificació també es produeix a les llibreries. Hi ha una sèrie de llibreries on no es troba mai cap mediàtic, si més no firmant. No trobaran mai Andreu Buenafuente firmant llibres a La Central o a Laie. En canvi, sí que el trobaran a El Corte Inglés, a la Fnac o la Casa del Llibre. Amb les coses d'aquesta manera, els que mostren tantes reticències per seure al costat de segons qui ho tenen ben fàcil. Només cal que l'any que ve no acceptin invitacions per firmar llibres a les llibreries—¿traïdores?—que no separen el gra de l'«exquisidesa» de la palla de la «banalitat». No s'hi trobaran, costat per costat, amb cap vulgar criatura televisiva. Però, esclar, els purs tampoc no volen renunciar a firmar a la Casa del Llibre, a la Fnac o a El Corte Inglés. Volen i dolen. Aleshores, ¿què fem? ¿Repartir carnets de pur i de mediàtic de manera que, com al camp del Barça, els de general no es barregin amb els de tribuna?

Em sembla que el més fàcil seria que acceptessin, definitivament, que el Dia del Llibre és (i ha estat sempre) una festa per major glòria econòmica de la indústria editorial; no de la literatura, que és una altra cosa, va per uns altres camins i no sap res de dies comercials, encara que de vegades, gairebé per casualitat, hi coincideixi.

SIGNES DE PUNTUACIÓ

Al confessionari de *Gran Hermano* on els concursants s'asseuen d'un en un per explicar-nos què pensen dels altres, fa dos dies va sortir l'Iván, el d'Astúries, i, després de dir el que havia de dir—que l'Ania, la pretesa model, és així i això—, per donar-hi més èmfasi va acabar la frase amb les paraules: «I punt i coma!»

Molts teleespectadors es van quedar de pedra: «¿"I punt i coma"?» Deu haver volgut dir: «"I punt!"» No decidim les coses tan a la lleugera. No es tracta d'un simple error, com el de les persones que diuen «estufa catalèptica» per comptes d'«estufa catalítica». Estudiem els fets. Quan fa estona que un nen ronseja sense fer els deures i insisteix a mirar la tele, el pare responsable, tip de repetir mil vegades que el primer és el primer, finalment diu: «Si no fas els deures, no hi ha tele, i punt!» Aquest «i punt!»—que s'entén que és el final—indica la impossibilitat de tornar enrere, perquè tots els punts clausuren una frase, o un paràgraf o un llibre.

Però l'Iván no va dir «i punt!». L'Iván, el que es passeja amb el pijama de flors blanques i blaves, el que es lliga una bandana al cap, el de la samarreta vermella, el gran Iván, va acabar l'exposició dels fets i, per demostrar que el que havia dit era irrefutable, ho va rematar amb un «i punt i coma!». ¿Per què? ¿Potser volia dir simplement «i punt!», però endut per l'ímpetu li va sortir «i punt i coma!»? Una altra possibilitat és reconèixer que l'Iván sabia que «i punt i coma!» no és tan rotund com «i punt!», perquè després dels punts i coma sempre hi ha, pel cap baix, una altra frase. Així com després de l'«i punt!» ja no hi ha res a dir, amb «i punt i coma!» les possibilitats queden obertes. ¿Per quina raó l'Iván va dir «i punt i coma!», per comptes de dir «i punt!»? Jo diria que el seu caràcter franc fa que fins i tot les seves frases rotundes estiguin obertes al diàleg i al matís. (I a les variants que puguin venir: perquè, després d'«i punt i coma!», qualsevol dia d'aquests ens pot sorpendre amb un simple «i coma!», o amb un «i dos punts!», o amb «i punts suspensius!».) Amb l'Iván no hi ha encastellaments, amb l'Iván tot es pot ampliar i redefinir. L'Iván no considera que tingui una opinió inapel·lable, sinó que admet (i fins i tot busca) tonalitats i gradacions. I això diu molt més a favor seu del que podria semblar a primera vista.

Analitzem la situació. De moment, la María José ja l'han feta fora; el Jorge està fet una mar de llàgrimes; a la Silvia se li nota que, malgrat les bones paraules, no ha oblidat la baralla amb la María José... L'Ismael i l'Israel no vocalitzen i amb prou feines se'ls entén... I l'Ania, si no canvia, durarà menys que una papela en una festa de cap d'any. En canvi, l'Iván hi és per quedar-s'hi, setmana rere setmana, per major glòria de Pich i Pon. No és dels numereros. És sec i dur, i alhora és senzill i accessible. Té tots cinc sentits alerta però es domina per no destacar massa, perquè sap que les maratons no són mai carreres de cent metres. L'Iván no hi ha anat a gemegar ni a fer-la petar. L'Iván hi ha anat a guanyar, i punt! Vull dir: i punt i coma!

APLAUDIMENTS

Tant a Barcelona com a Andoain, a la sortida dels fèretres de Tísner i de José Luis López de la Calle, els presents es van posar a aplaudir.

És un costum que s'ha anat estenent. Pel que es veu, no tan sols en el cas de persones assassinades, siguin polítics, periodistes o gent del carrer. També s'aplaudeix als enterraments d'escriptors i artistes. I, amb franquesa, no ho entenc. Dels aplaudiments a un mort, el mínim que se'n pot dir és que són desconcertants. És una moda que ve d'anys enrere i que sorgeix de la voluntat d'expressar simpatia pel mort i pels seus ideals. I neix, sens dubte, de la creixent televisionització de les nostres vides. A la tele, tot s'aplaudeix. Quan entra al plató el polític, el futbolista o l'actor que han d'entrevistar a continuació, el públic aplaudeix, i quan s'acaba l'entrevista aplaudeix un altre cop. Aplaudeixen el presentador i l'ajudant que porta un ram de flors. Aplaudeixen tot el que s'hi diu, encara que sigui poc enginyós. Ho aplaudeixen tot i sense mesura, fins al punt que, als concursos, els participants no tan sols reben els aplaudiments del públic sinó que, segons les indicacions, per comptes de mostrar-se tímids o atordits, s'aplaudeixen a ells mateixos! Amb aquesta exteriorització generalitzada de les emocions a través de l'aplaudiment automàtic, ¿com volen que la gent no aplaudeixi als enterraments?

I en canvi, en un enterrament, el silenci és la màxima

expressió de reverència. Silenci per tal que els presents resin (si són creients) o (si no ho són) meditin, fent un pas més en l'acceptació de la pèrdua. Però ara resulta que el silenci desapareix per convertir-se en una ovació. ¿Per què? ¿D'on ve aquest costum? ¿Qui ho va començar a fer? ¿És autòcton o importat? I, si és importat, ¿d'on i per què? Els aplaudiments sempre són, a tot arreu, una expressió d'alegria i d'aprovació. Però, en el cas d'un enterrament, ¿alegria per què? ¿Aplaudeixen per expressar que ha fet bé de morir-se? ¿Aplaudeixen perquè s'ha mort d'una forma convenient? Sembla que no deu ser això. El que deuen aplaudir—ja ho hem deduït abans—són els ideals que tenia, la seva trajectòria vital, l'obra política o artística del mort. Però fins i tot per homenatjar-ne els ideals, la ideologia o l'obra, el que en un enterrament sobra són justament els aplaudiments. No és cap míting. En un enterrament no hi ha res menys respectuós que trencar el silenci amb una salva d'aplaudiments. El silenci és una cosa molt seriosa. Un grup de persones—reduït o multitudinari—en silenci impressiona més que un grup de persones que aplaudeix rabiosament. Però cada cop hi ha més gent que considera que el silenci és poca cosa i prefereix l'esclat dels aplaudiments. Si això continua així, em temo molt que aviat trobarem, en algun enterrament, gent que també considerarà que els aplaudiments són poca cosa i acompanyaran el taüt amb cants d'«oé, oé, oé, oééé...», o, un cop posats, fent l'onada entre el tanatori i el cementiri.

RERE LES PASSES DE HIERRO

Quin guirigall perquè ara part dels batxillers arriben a la universitat sense haver llegit cap obra literària. ¿De debò algú es pensa que fins ara la situació era diferent?

—A veure, ¿l'autor del *Quixot*?

—Cervantes.

—Correcte. Passem a la literatura catalana. ¿L'autor de *Tirant lo Blanc*?

—¿Martorell?

—Excel·lent. El següent.

Cal felicitar les autoritats perquè en un gest molt valent de Realpolitik finalment han decidit que la literatura sigui optativa a l'examen de selectivitat. Han tingut el valor d'assumir-ne la pèrdua evident de pes social. Com a vertebradora, com a pòsit i com a referent, la literatura fa aigües. Molts mitjans de comunicació que aquests dies es queixen d'aquesta decisió de la Generalitat, a l'hora de fer servir referències culturals als articles i als titulars cada cop recorren menys a la literatura i més al cine o, sobretot, a la tele. Perquè, encara que ara facin veure que s'esquincen les vestidures, saben perfectament que si les referències són literàries el lector mitjà no sap de què li parlen.

La literatura ja és el macramé de les arts narratives, primer arraconada pel cine i últimament per la televisió. És un fet lamentable, perquè la riquesa específica de la literatura no la supleixen les arts audiovisuals. (Al revés passa el mateix.) Però la solució no és tornar a exigir als alumnes «tres obres fonamentals de la literatura catalana i tres de la literatura castellana». (Tres, només tres, com les tres cullerades de medecina que ens empassem tapant-nos el nas, encara que després de complir arrenquem a córrer cap al lavabo per esbandir-nos la boca.) Segons el meu parer, la solució és, després d'aquest primer pas de no exigir la literatura, fer-ne un segon (eliminar-la dels plans d'estudis), i rematar-lo amb un tercer: prohibir-la. Ahir, la portada d'aquest diari duia un títol a quatre columnes: «La Generalitat no considera que sigui obligatori llegir llibres durant el batxillerat». Sospiro pel dia que el titular sigui: «La Generalitat considera que és obligatori no llegir llibres durant el batxillerat». Fa anys que voto per la il·legalització de la literatura. Els que durant la infantesa vam tenir prohibit llegir llibres que no fossin de text—«de tant llegir novel·les pararàs ximple!»—devoràvem narrativa d'amagatotis, i per això sabem que la prohibició és un al·licient. Qui sap si, aleshores, a prop de la porta dels instituts, rondarien senyors amb les butxaques de la gavardina plenes de llibres, que alguns estudiants—no gaires, tampoc no cal— es disputarien amb la mateixa ànsia amb què ara es disputen les pastilles, els tripis o la coca.

De moment, i fins que la prohibició sigui efectiva, l'actitud dels nostres estudiants podrà ser ja la de Fernando Hierro. Fa uns quants anys, quan es va descobrir que Valdano i Guardiola i algun altre futbolista eren amants de la literatura, i llegien llibres!, un periodista va tenir la pensada de preguntar a Hierro:

—¿Quin és l'últim llibre que has llegit?

—Cap—va respondre Hierro amb naturalitat.

Doncs els nostres estudiants igual.

ELS QUE DECIDEIXEN

Ja em perdonaran, però, per més voltes que hi dono, no acabo d'entendre això del Trambaix. ¿Per què ha de ser precisament un tramvia el que uneixi la plaça Macià de Barcelona amb el Baix Llobregat? Si la disjuntiva era entre el transport subterrani i el de superfície i s'ha optat per aquest últim (perquè ara no és el moment, o no hi ha temps o diners, per foradar quilòmetres i quilòmetres), ¿per què aquest transport de superfície ha de ser precisament un tramvia? Un tramvia que ens costarà, d'instal·lació, ni més ni menys que trenta-sis mil milions de pessetes.

Sembla com si, més que solucionar un dèficit de transport, el que els interessi de debò sigui instal·lar un tramvia, i que s'hagin de posar molts rails. Tant si els ciutadans de les poblacions afectades ho volen com si no, tindran rails entre la plaça Macià i el Baix Llobregat. Els que decideixen estan il·lusionats com un nen amb Scalextric nou.

No crec que els barcelonins tinguin cap sentiment de culpa per la pèrdua dels antics tramvies ni que, de sobte, tota la ciutat es penedeixi d'haver-los arraconat, perquè la veritat és que sense tramvies es viu més bé. Però resulta que ara el tramvia és un mitjà de transport ben vist, políticament correcte, i si algú el critica es fa sospitós de perversitats sense nom. Per això, tant si es vol com si no es vol, hi haurà tramvia—amb els rails i l'estesa de cables—des de la plaça Macià fins a Esplugues, Sant Boi i Sant Joan Despí. Un desplegament impressionant d'esforços, econòmics i humans, per una cosa que s'anuncia com a provisional, mentre no arriba el metro que, per més que s'hi resisteixin, un lustre o altre hauran d'acabar construint.

La broma del tramvia costa aproximadament la meitat del pressupost de la futura línia 9 del metro. ¿No troben estrany gastar tanta pasta en una solució provisional que, a més, crearà barreres als carrers, eliminarà carrils de circulació (en poblacions on justament no en sobren) i instal·larà cables que ocuparan un espai i provocaran un impacte estètic equivalent al d'aquells antics cables de les línies elèctriques que, de mica en mica i amb l'alegria de tothom, vam aconseguir que enterressin? ¿Quin sentit té tornar enrere? De la gran quantitat d'habitants del Baix Llobregat que cada dia es desplacen a Barcelona per treballar, ¿quants renunciaran al cotxe per venir amb aquest tramvia? ¿Tants com perquè el justifiquin? Ho dubto molt. Però, als que decideixen, tot això els és ben igual, perquè estan encebats amb el tramvia. Acceptem, encara que sigui retòricament, que l'autobús no és la solució. Aleshores, ¿per què no el troleibús, tal com suggereixen alguns ciutadans? Malgrat l'estesa de cables, el troleibús és més ràpid i econòmic, i estalvia la instal·lació dels rails—que Déu n'hi do—, de manera que sense cap mena de dubte resulta més lògic si, segons diuen, l'opció pel transport de superfície és temporal.

¿A qui beneficia que sigui un tramvia per comptes d'una altra cosa? No ho sé, però fa pudor de socarrim.

TOTA UNA VIDA

Fa mesos que Amena anuncia el Nou Pack Amena Duo, una oferta que consisteix en un paquet amb dos telèfons mòbils. La gràcia de l'assumpte és que el compren dues persones; una es queda un telèfon i l'altra, l'altre. Cadascuna paga la tarifa que acordi amb la companyia, però —atenció—, independentment de la tarifa que esculli, les trucades entre aquests dos telèfons només els costaran cinc pessetes per minut. I no pas durant un any o dos, sinó durant tota la vida. En un aparador que hi ha a prop de casa, tenen un expositor amb dues pales de pingpong, suposo que per visualitzar el vaivé de les trucades, i l'eslògan «La millor solució pels qui volen parlar durant tota una vida». Tal com estan les tarifes, cinc pessetes per minut és una ganga, encara que s'hi hagin d'afegir els impostos, segons explica una nota al peu: «Impostos indirectes no inclosos.»

El Nou Pack Amena Duo seria un bon començament de pel·lícula. Per la relació que estableix. ¿Qui en serien els protagonistes? Una parella de promesos, sembla el més lògic. M'imagino l'escena inicial, davant de l'aparador d'una botiga. Un vol comprar el pack i regalar-li un telèfon a l'altre. O no, són tots dos que s'aturen davant de l'aparador, veuen l'oferta i, de comú acord, decideixen comprar-lo.

—Si ens passem el dia parlant, val més que les trucades ens surtin a cinc pessetes el minut.

Seria una escena molt romàntica. Déu n'hi do decidir que aquesta és la persona amb qui voldràs parlar més «durant tota una vida». El Nou Pack Amena Duo és l'equivalent de la Medalla de l'Amor o de l'anell de compromís. Proposar a algú que comparteixi un Nou Pack Amena Duo és proposar-li una relació per sempre. I vinga trucar-se:

—¿Digues?

—Res. Et trucava una mica perquè sí. Costa tan poc: només cinc pessetes el minut. Però ja que t'he trucat... ¿M'estimes?

—T'estimo. ¿I tu, que m'estimes?

—Sí, t'estimo.

—Bé, doncs, fins després.

Però aleshores, a la pel·lícula, de mica en mica passen els anys, arriba el primer pis, la hipoteca, les criatures, les obligacions... Es continuen trucant. Potser no tant, però el Nou Pack Amena Duo encara demostra que és eficaç. Ja no els serveix per les magarrufes telefòniques, però els serveix perquè—a cinc pessetes el minut, impostos indirectes no inclosos—l'un recordi a l'altre que ha de passar per la polleria, descongelar el lluç o recollir les mantes de cal tintorer. També serveix per avisar que, en contra de la previsió, no podrà anar a buscar el nen a col·legi.

—M'ho podries haver dit abans. Ara no m'ho puc combinar. Truca a la teva mare, a veure si hi pot anar.

Fa temps que les trucades ja no són romàntiques sinó simplement d'intendència domèstica, però tot i això l'oferta del Nou Pack Amena Duo continua sent molt útil. I ho és fins i tot si un dia ell i ella es distancien. El perquè del distanciament tant és. Perquè un dia ella el troba amb una altra—o a la inversa—i les raons inicials fan explotar l'arsenal de raons emmagatzemades i decideixen no veure's més. O, simplement, perquè s'atipen l'un de l'altre. A la pel·lícula que m'imagino, ell du el mòbil Duo a la butxaca i ella a la bossa, però ja fa dies que no el fan servir per trucar-se, sinó que cadascun truca als seus amics per criticar l'altre. Són trucades que no els costen cinc pessetes (impostos indirectes no inclosos), sinó la tarifa normal. Que ja no tenen res a dir-se es fa evident el dia que un (o tots dos en plans alternats) contempla l'Amena Duo que té a la mà i pensa que les trucades a cinc pessetes per tota la vida ja no li serveixen de res, perquè ja no es truquen. Per això, a l'escena final, un dels dos marca per última vegada el número de l'altre per dir-li que, definitivament, la seva relació s'ha acabat i que aquella mateixa tarda pensa tornar el telèfon i comprar-se'n un altre, sense trucades a cinc pessetes amb ningú. I la gràcia del Nou Pack Amena Duo és que fins i tot aquesta trucada final, després de tants anys, només li costarà cinc pessetes el minut, impostos indirectes no inclosos.

HOSTALERIA I MITJANS DE COMUNICACIÓ

Passen els anys i em continuen fascinant els ciutadans que, quan entren en un bar, primer de tot—abans de demanar el que volen pendre—busquen amb afany si el diari està lliure. Quan l'albiren—a la barra, sobre els barrils de cervesa o al costat del telèfon—, s'hi llancen al damunt perquè ningú no els passi al davant. Per aquesta gent, cap bar no té racons secrets, perquè han desenvolupat una hipertròfia olfactiva que els permet, només flairant una mica, detectar on es troba exactament el diari, i això encara que siguin en un bar on no havien entrat mai. Només aleshores, quan ja han pres possessió del diari, s'acosten a la barra o s'asseuen a una taula i demanen el que volen. «Un cafè», per exemple.

Te'ls mires i de vegades dubtes si, en el fons, el cafè el demanen perquè s'ha de demanar alguna cosa. De fet, han entrat al bar pel diari, perquè el que realment volen és llegir-lo sense malgastar cent vint-i-cinc pessetes al quiosc. La pressa que tenen per apoderar-se del diari abans que l'agafi algú altre fa que sovint, si estàs esmorzant tranquil·lament i tens el teu diari sobre la taula, s'hi llancin i, mentre el prenen amb les mans, et preguntin: «¿És de la casa?» I quan els dius que no, que no és de la casa, el deixen on era amb una ganyota de frustració, i et miren de gairell mentre pensen: «Vaja, un d'aquests excèntrics que compren el diari.»

Els bars fan ben fet de tenir diaris al servei d'aquests

ciutadans estalviadors, diaris que de vegades duen a la primera plana el tampó de la casa, en un intent d'evitar que, un cop llegits, els estalviadors desaprensius els dobleguin, se'ls posin sota l'aixella i surtin com si res. Hi ha bars—pocs—que els col·loquen en una mena de barra portadiaris que d'una banda impedeix que es perdin els fulls i de l'altra fa més difícil que els espavilats se'ls enduguin.

Tot això està molt bé, però hi ha una cosa que no entenc. Pel fet de tenir un televisor o una ràdio (o un televisor i una ràdio) els bars paguen una quota—em sembla que a la Sgae—a fi i efecte que no es lesionin els drets d'autor. Per tal que ningú no faci l'orni a l'hora de pagar les quotes, una sèrie d'inspectors es passegen pels carrers i entren als bars per comprovar si les han pagades i, si no, pendre les mesures que calgui. És lògic. De la mateixa manera que cadascú pot tenir ràdio i televisió a casa i les pot fer servir privadament, als bars aquests mitjans de comunicació passen a ser de gaudi col·lectiu i els propietaris de l'establiment han de pagar. En part perquè aquest al·licient afegit atreu clients i en part perquè, com que d'aquesta manera la ràdio i la televisió es converteixen en un espectacle públic, els drets dels autors de cançons, concursos, pel·lícules, o el que sigui, resultarien lesionats si no cobressin res. Aleshores, ¿per què els bars no paguen per tenir diaris a disposició del públic, diaris que atreuen clients al bar, que fan minvar les vendes del quiosc i que, com que es converteixen en mitjans d'ús públic, lesionen els drets dels autors que els han creat? I que quedi clar que, en el fons, tant me fa si els bars paguen com si no, pels diaris, per les ràdios o per les teles. Només vull assenyalar la incongruència. O els bars paguen per tots els mitjans de comunicació que posen a l'abast del públic—ràdio, televisió i premsa—o que no paguin per cap. Si els recaptadors troben que no té sentit fer-los pagar per tenir diaris a disposició del públic, també haurien de deixar de cobrar les quotes per tenir a disposició del públic l'aparell de ràdio i el televisor. Tal com funciona ara, la situació és discriminatòria a favor dels mitjans audiovisuals i en contra dels escrits. A veure si els drets d'autor d'un text cantat a la ràdio o a la tele seran més sagrats que els drets d'autor del mateix text publicat a la premsa.

ELS AVANTATGES DE L'EDAT

Fa uns quants dies, a la secció de cartes dels lectors de *La Vanguardia*, se'n va publicar una del senyor Àlex Gili Fabregat que duia el títol d'«Esencia de mujer». El senyor Gili expressava el seu desacord amb un comentari d'un redactor sobre la pel·lícula del mateix títol, una pel·lícula a la qual el senyor Gili trobava diverses qualitats, començant per les actuacions d'Al Pacino i Chris O'Donnell. Acabava dient: «No estic d'acord amb la qualificació atorgada a la pel·lícula ni amb moltes qualificacions i comentaris realitzats anteriorment sobre altres pel·lícules, com ara *Forrest Gump*, que quan es va estrenar a la televisió va rebre dues estrelles i dos anys després en va rebre tres i un comentari més d'acord amb la qualitat que tenia. Sembla que a mesura que es tornen antigues, milloren. És una opinió personal.»

Personal i encertada, perquè és exactament la irònica veritat: «a mesura que es tornen antigues, milloren». I no tan sols les pel·lícules. A les obres literàries, musicals, plàstiques i arquitectòniques els passa si fa no fa el mateix. Hi ha novel·les que quan es publiquen són disseccionades sense pietat—més amb una serra mecànica que no pas amb bisturí—, i amb el pas dels anys se'ls reconeixen les virtuts que se'ls van negar d'entrada. Quan Gaudí va acabar La Pedrera, els dibuixants de la premsa barcelonina es fotien de les formes arrodonides de la façana de l'edifici i el presentaven com un aparcament de zepelins, tot plegat amb la connivència dels plumífers d'upa que discrepaven d'un edifici que s'ha acabat convertint, juntament amb la Sagrada Família, en la Meca de tots els turistes «culturals» que passen per Barcelona.

«Ja no fan pel·lícules com les d'abans.» És una frase que tots hem sentit moltes vegades. Ja la sentia de petit, durant els anys seixanta, en boca dels meus pares, que trobaven a faltar les pel·lícules dels trenta, dels quaranta i dels cinquanta. Després, durant els anys vuitanta, la sentia en boca d'altres persones referida a les pel·lícules dels seixanta. «Aquelles pel·lícules sí que eren bones.» ¿Com pot ser? Si durant els seixanta les pel·lícules dels seixanta eren tan dolentes, ¿com pot ser que, durant els vuitanta, de cop i volta es tornessin bones? I, ara mateix, als anys zero, molta gent alaba les pel·lícules dels vuitanta que, per molta gent d'aquella època, eren gasòfia comparades amb les dels seixanta.

¿Què vol dir? ¿Que a les pel·lícules, la música, els edificis i les novel·les els passa com al vi bo, que amb el temps millora? Doncs no exactament. Passa que, amb el pas dels anys, oblidem el vi dolent, les pel·lícules dolentes i els llibres dolents. I també passa que hi ha persones incapaces de valorar res si no és a través dels vels del temps. Són incapaces de reconèixer cap virtut en una cosa que els neix al costat i no respon a les pautes de quan eren joves. Necessiten dècades per entendre-la i, de vegades, ni així. Però si mentrestant l'autor es mor i passa a ser un cadàver putrefacte, doncs molt millor. Perquè aleshores sí que hi veuen tots els mèrits. Enyoren les vaques sagrades de seixanta o setanta anys enrere i als vius els regategen el llorer més petit. Només s'acaba el regateig quan es moren i passen a ocupar un taüt, moment a partir del qual el regateig s'aplica als següents (i per tant indignes) vius.

Per tot això, no és gens estrany que, tal com diu el senyor Gili, quan s'estrena una pel·lícula li concedeixin dues estrelletes i en canvi, anys més tard, n'hi posin quatre o cinc, sense que n'hagin canviat el guió ni la direcció ni les interpretacions ni el decorat. És la cosa més corrent del món i una prova més del component oví de la naturalesa humana.

EN AQUEST POBLE DE LA COSTA

Som gairebé a finals del mes de juliol i en aquest preciós i assolellat poble de la costa resulta impossible trobar botigues on hi hagi una gamma completa de pantalons curts. Hi trobes pantalons curts, sí, però cap de les talles més habituals perquè ja s'han venut. Queden les menys habituals, perquè són les que no vol ningú. I aleshores passa que, quan preguntes a les dependentes—de dependents no n'hi ha—com pot ser que el 23 de juliol no trobis pantalons curts de la teva mida, et diuen que has fet tard.

—Ui, hi ha molta gent que en demana..., però ara ja només queden les peces de final de temporada. Hauria d'haver vingut abans.

—Però ¿què vol dir final de temporada, si som a 23 de juliol?

I aleshores et miren de cua d'ull, et deixen per inútil i s'arronsen d'espatlles.

¿Com pot ser que considerin que el 23 de juliol ja és el final de la temporada d'estiu? Si l'estiu no s'acaba fins al 21 de setembre! Si el 23 de juliol és final de temporada, ¿quan és el començament? ¿Quan a les tanques i a la televisió anuncien que «ja és primavera a El Corte Inglés»? Això deu ser el febrer o el març... Però és que, el febrer i el març, la majoria de gent va tan feliç amb pantalons llargs i no en necessita de curts, per res, i és tan sols a partir de l'arribada abrusadora de l'estiu que s'adona que se n'ha de comprar uns. Ara mateix, per exemple. Ets en aquest preciós i assolellat poble de la costa, tip de la calor, i t'adones que t'aniria de primera tenir uns altres pantalons curts. Però s'han acabat: «Si hagués vingut a començament de temporada...»

Segons aquesta regla de tres, d'aquí a poques setmanes, quan el sol encara estavelli les pedres, haurem de començar a comprar els abrics perquè, si et descuides, les talles més corrents hauran desaparegut fins al començament de la següent temporada de tardor-hivern: d'aquí a un any i dos mesos. Però no ens despistem amb els abrics i tornem als pantalons curts. D'acord que s'han acabat unes quantes talles, però ¿no els sembla que, a una setmana de finals de juliol (i amb tot el mes d'agost i part del de setembre per endavant), no haurien de tornar a demanar les talles que se'ls han acabat? És justament durant els mesos de juliol i agost quan la gent necessita més pantalons curts, no pas el desembre i el gener.

Són incapaços de proveir-se d'un producte a mitja temporada. Són mamuts arterioscleròtics, arnats per la rutina de les franquícies o la burocràcia, que no saben reaccionar amb agilitat. Qualsevol dia d'aquests, en aquest preciós i assolellat poble de la costa m'aturaré davant d'una parada de gelats i en demanaré un de vainilla, que són els que m'agraden.

—De vainilla no ens en queden.

—¿Com, que de vainilla no els en queda?

—És que s'ha venut molt i s'han acabat. Si vol, en tenim de maduixa, de xocolata, de pistatxo, de plàtan, de coco...

—Esclar. Però és que a mi el gelat que m'agrada és el de vainilla. ¿Demà en tindrà?

—Ui, no... Ara ja, fins a la temporada que ve...

—Però si som a finals de juliol i falta tot l'agost... ¿Fins a l'estiu que ve no tindrà gelat de vainilla?

—Esclar que no. Si tenia tantes ganes de gelat de vainilla, hauria d'haver vingut a començament de temporada. Aleshores sí que en teníem...

I després diuen que, per culpa de les «grans superfícies», hi ha botigues que han de tancar.

PER UNA BURRA COMPARTIDA

Com un cop de maça, la notícia va aparèixer a *La Vanguardia* de dijous: s'ha mort la burra que actuava a *La Passió* d'Esparreguera, víctima de la riuada fatídica. Es deia Estrella i no era una burra qualsevol, perquè era la que duia el bon Jesús a l'escena en què arriba a Jerusalem entre l'alegria del populatxo. Acompanyava la notícia una fotografia del seu cuidador, Toni Pitart, amb els braços encreuats davant del fang. Però cap imatge de l'Estrella. Aquesta carència va ser reparada al cap de tres dies, diumenge, gràcies a una fotografia de Josep Puig i Jorba on es veu la difunta burra, encara viva i en un dels seus millors moments interpretatius.

Ara el patronat de *La Passió* haurà de buscar una substituta. No serà una feina fàcil, perquè no volen que la burra nova sigui negra ni marró, sinó grisa, igual que l'Estrella, i de grises n'hi ha poques. La meva ignorància en matèria de burres fa que, per la foto que es va publicar diumenge, no sàpiga distingir si és o no de l'apreciada raça catalana, una raça tan forta i resistent que va fer que, quan es va acabar la Segona Guerra Mundial, l'exèrcit dels Estats Units en comprés un munt d'exemplars. ¿Era de raça catalana, l'Estrella? Potser no. La cabanya autòctona asinina està en decadència i no se'n preocupen ni tan sols els que denuncien la resta de la decadència de Catalunya. Les institucions que fa unes quantes setmanes van firmar el famós manifest no van dedicar ni una línia a la pèrdua creixent de pes social de l'ase català (autòcton o immigrat), tot i que, tal com es veu, és una espècie amb interessos culturals arrelats. Com a prova, l'Estrella, que no va tenir necessitat de freqüentar l'Institut del Teatre per triomfar als millors escenaris del Baix Llobregat. Tot això fa palès que, un cop més, es perpetuen els prejudicis que els burros han sofert al llarg de la història. A l'orde de Santiago, per exemple, per poder nomenar cavaller un home havia de complir dos requisits bàsics: no haver servit mai ningú i no haver muntat mai cap burra.

De la burra de *La Passió* d'Olesa, per cert, ningú no en diu res. «No news, good news»: si ningú no en parla és que es va salvar de la riuada. I, si és així, ¿per què Olesa i Esparreguera no aprofiten la desgràcia per compartir-la? Així els d'Esparreguera es podrien estalviar la feina de buscar-ne una altra per domesticar-la. Els d'Olesa, per la seva banda, a partir d'ara s'estalviarien una pasta, perquè pagarien a mitges la quadra i el cuidador i en aquests temps que corren tot el que sigui retallar despeses és benvingut. Que la feina de les burres actrius és escassa ho reconeix el mateix cuidador de l'Estrella: «Era una burra privilegiada. Treballava només vuit dies l'any i uns cinc minuts cada dia.» T'ho miris com t'ho miris, quins dots d'interpretació tan malaguanyats. Amb bona voluntat per totes dues parts i planificant els horaris per tal que no coincideixin, els dies de funció la burra compartida podria anar i tornar d'Olesa a Esparreguera en pocs minuts, ser l'estrella de totes dues passions i de passada demostrar que la rivalitat entre tots dos pobles és cosa del passat.

EL TABÚ DE LA PIROTÈCNIA

Si es compleixen les previsions, avui l'ajuntament d'Arenys de Mar aprovarà una moció en la qual demanarà a les administracions «una regulació més restrictiva en matèria de venda i consum de petards». Ai, renoi. ¿I per què tot d'un plegat l'ajuntament d'Arenys de Mar ha d'aprovar aquesta moció, si no s'havia preocupat mai d'aquest tema? Doncs perquè a Arenys, durant la revetlla de Sant Joan, un coet volador, amb una canya de noranta centímetres i un explosiu a la punta, va esclatar contra una noia i li va provocar la mort.

Si això no hagués passat, ara l'ajuntament d'Arenys de Mar no estaria demanant aquesta regulació. I si per comptes d'haver passat a Arenys, hagués passat a Matadepera, doncs ara seria l'ajuntament de Matadepera el que estaria a punt d'aprovar la moció. Però no ho farà fins que no es mori algú així al seu terme municipal. No s'avancen mai als fets: sempre esperen que s'hagin produït. Ja fa anys que salta als ulls la necessitat de regular clarament tot aquest assumpte de la pirotècnia. No s'hauria d'esperar Sant Joan per aprovar una moció (després del recompte de dits amputats i víctimes mortals). La moció era necessària abans d'aquesta mort estúpida i, a la de l'ajuntament d'Arenys, s'hi haurien de sumar aquesta mateixa setmana mocions de tots els ajuntaments que tinguin seny. Però no serà així, i Mataró no aprovarà cap moció similar fins que un coet no mati algú a Mataró, i Cambrils no aprovarà cap moció similar fins que un coet no mati algú a Cambrils, i Tàrrega no aprovarà cap moció similar fins que un coet no mati algú a Tàrrega. I anar fent.

Amb això de la pirotècnia tothom fuig d'estudi fins que, forçat per les circumstàncies, en la urgència del drama, ha de fer com si fes alguna cosa, i no hi ha res tan fàcil com sol·licitar una regulació de la normativa. La pirotècnia és un tabú. S'ha decidit que té tanta tradició al país que demanar que es reguli és atemptar contra les essències pàtries. Tant li fa, si la societat ja no és la de fa vuitanta anys i que ara cada cop hi hagi més persones que tenen accés a artefactes més sofisticats i perillosos. Malgrat aquesta evidència, és com si estigués mal vist demanar que se n'eliminin tant els que són mortals com els que arrenquen dits, per inofensius que semblin amb la metxa apagada.

Ironitzem molt sobre el fet que als Estats Units aconseguir armes és la mar de fàcil, però nosaltres, a les parades de petards, aconseguim missilets capaços de sobrevolar centenars de metres, carreteres i ferrocarrils i matar una noia. Quan dius això, els defensors del pimpampum repliquen que comparar pirotècnia amb escopetes és una exageració. Aleshores treuen l'exemple dels ganivets. «No ens posarem a prohibir els ganivets pel fet que, mal utilitzats, poden ser mortals», diuen. És una comparació molt bufona, però tramposa, perquè no fem festes en les quals omplim les mans de les criatures amb dotzenes de ganivets, ni els incitem a llançar-los. Ni quan n'hi ha algun que es clava al cos d'algú i el mata diem que és una llàstima i que el que ha passat és que qui el llançava ho ha fet de manera incorrecta.

LA QUE PARIX

Amb un devessall d'imaginació, la consellera d'Ensenyament, Carme-Laura Gil, ha presentat a la ciutadania diverses alternatives a les guarderies. Com que veuen que seran incapaços de crear les trenta mil places noves que van prometre, la senyora Gil ha decidit que, en el fons, doncs potser—ves per on—els nens petits no han d'anar a la guarderia sinó que s'han de quedar a casa. «Això sí que és progressista i modern, i no dur-los a una guarderia quan tenen cinc mesos!», va declarar dimarts la senyora Gil. De manera que els pares que duen els fills a la guarderia a aquesta edat ja saben què pensa d'ells la consellera.

Entre les diverses idees que la senyora Gil ha proposat per intentar posar pedaços allà on hi hauria d'haver les trenta mil places, destaca la de la «mare de dia». ¿Què és una «mare de dia»? Lògicament, deu ser una mare que, de nit, deixa de ser-ho. ¿Pot ser, això? ¿El concepte «de dia» té alguna relació amb el de «de jour» de la «belle de jour» que, de tan avorrida, de dia es prostitueix i al vespre torna al domicili conjugal, com si res? Doncs no: no té res a veure ni amb la «belle» ni, de fet, amb la «mare». Ens trobem davant d'un eufemisme amb tots els ets i uts. Segons anuncia la senyora Gil, una «mare de dia» és una persona que s'encarrega de tres o quatre nens petits durant el dia, mentre els pares treballen. Ara em diran: però aquesta figura laboral més o menys ja existeix. Se'n diu cangur si fa la feina a domicili, amb pocs nens, i se'n diu educador (o, popularment, guardero) si la quantitat de nens és més gran i se n'encarrega en una guarderia, sigui pública o privada. Aleshores, ¿per què de cop s'empesquen això de la «mare de dia»? Com en tot bon eufemisme, a la mateixa paraula hi ha la trampa: com que és una solució matussera, res millor que presentar-la amb una paraula inapel·lable: «mare».

En el fons, ens trobem davant d'una nova edició del famós «Depèn de tu», que tan bons resultats ha donat als convergents al llarg dels anys. Així que detecten un problema que són incapaços de solucionar, treuen el comodí del «Depèn de tu», passen el mort a la ciutadania i ells se'n renten les mans. Quan, deu fer cosa d'una dotzena d'anys, es van adonar que eren incapaços de frenar el retrocés social de la llengua catalana, van passar la patata calenta als ciutadans catalanoparlants: que el català no mori «depèn de tu», els van dir. I ells se'n van desentendre i es van dedicar als seus negocis. Des d'aleshores, amb petites variants, han anat adaptant el mètode a cada nova contrarietat. Ara, com que s'han adonat que les places de guarderia que van prometre no podran ser, tornen a desplegar la consigna del «Depèn de tu» i del barret de copa en treuen diversos sargits, entre els quals destaquen les eufemístiques «mares de dia». Un invent, per cert, que—segons Assumpta Baig, del Psc—es va iniciar a Europa després de l'última guerra mundial i que ara està en retrocés perquè s'ha demostrat que no facilita gens la socialització del nen. ¿«Mares de dia»? I un be negre. Ho diuen a València: no hi ha més mare que la que parix.

KIKU-XAVIER

Una parella de Sant Martí de Tous ha decidit posar al seu fill el nom de Kiku-Xavier. El nen va néixer fa un mes i cap registre civil—ni el de Tous, ni el de Terrassa ni el d'Igualada—accepta inscriure'l amb aquest nom. Els funcionaris al·leguen que la llei impedeix inscriure diminutius, variants familiars o col·loquials que no hagin aconseguit substantivitat i noms que objectivament perjudiquin la persona. I Kiku-Xavier entra de ple en uns quants d'aquests supòsits.

Els pares, indignats, han presentat un recurs. Ens trobem, doncs, davant la confluència de l'entusiasme per l'originalitat amb la veneració pel Registre Civil. Una barreja curiosa. Generacions de ciutadans s'han dit oficialment d'una manera i públicament d'una altra. Multitud de Quicos i Pacos han constat i consten als documents com a Francesc o Francisco, i no passa res. Jo mateix firmo sempre Quim i oficialment em dic Joaquim, i estic encantat que sigui així. Hi ha centenars de Montses que tenen com a nom oficial Montserrat, i ho consideren absolutament lògic. Perquè el que és oficial i el que és públic no cal que coincideixi sempre.

A mi, Kiku-Xavier em sembla un nom fascinant. En primer lloc, tenim aquest Kiku, que deu ser la grafia empobrida del tradicional Quico—amb aquesta tendència a escriure amb ka els sons que tradicionalment s'escriuen amb ce o cu—, complementada amb la u final, mostra de la falta de seguretat lingüística dels que es pensen que si escriuen Quico amb o la gent no entendrà que la o és neutra i, per tant, sona com una u si el parlant pertany a l'orient de la llengua. I, finalment, la combinació amb Xavier: Kiku-Xavier... Posats a fer, i per ser coherents amb aquesta volubilitat lingüística, ¿per què no li posen Kiku-Xavié, sense la erra? O Kiku-Txavié o Kiku-Txabié, perquè és així—amb tx—com molta gent pronuncia avui la xeix de l'antic nom de Xavier.

Un cop exposat això, diré que estic a favor d'inscriure'l així. Si anem fins al fons de les coses, ¿Kiku és pitjor que Jonathan o Kevin? Abans, als funcionaris els era fàcil saber quins noms eren negatius. Eren positius Josep, Àngels, Emili... Eren negatius Llucifer, Lenin... Però, avui en dia, ¿com es pot saber quins noms perjudicaran o no la persona inscrita? En un món on el dia que no hi ha un *South Park* hi ha una missa negra, ¿qui i en nom de quina llibertat religiosa s'atreveix a dir a uns pares que no li poden posar Satanàs al nen? I això de les kas... ¿Com pensen aturar-ne l'allau imminent? Ara ja hi ha Karles que firmen cròniques musicals, i d'aquí a pocs anys—tan bon punt les generacions que han flirtejat amb el moviment okupa comencin a tenir fills—els carrers aniran plens de criatures que es diran Kirze, Karolina i Kike-Albert. I així que s'accepti Kiku, hi haurà més d'un Kakauet. Ke se'l konfitin.

LA VIDA DISFRESSADA

Últimament, ve l'estiu i molts pobles i ciutats programen una sèrie de dies amb festes en les quals als habitants del lloc els agafa per vestir-se com a l'any de la picor. Són «festes medievals», la majoria. Mercats amb els venedors amb gorres de bufó... Tornejos a cavall amb els cavallers armats amb llances de puntes arrodonides, perquè no hi hagi cap desgràcia... Sopars medievals amb cuixes de xai, sense coberts i amb cambrers barbuts... Representacions medievals a places guarnides amb banderes de quadrets de coloraines... Fins i tot suposades vendes d'esclaus, com la que se celebra a Montblanc, una població que es proclama orgullosa de ser la primera que va començar aquesta mena de festa fa catorze anys, molt abans que s'hi apuntessin d'altres.

Per aquests catorze anys d'antiguitat, els de Montblanc treuen foc pels queixals contra els imitadors. L'any passat ja no van poder més i van protestar per la proliferació de festes semblants. Explicaven que, al pas que anem, entre els uns i els altres mataran la gallina dels ous d'or. Es queixaven que—a la tardor, a l'hivern i a la primavera, però sobretot a l'estiu—ja no hi ha cap de setmana sense alguna festa d'altres temps. I tenen tota la raó. Al voltant de Montserrat—al Bruc—, aquest any, el juny, es van inventar una escenificació del combat entre les tropes napoleòniques i les locals, integrades per suïssos i el sometent, més el famós timbaler que—diuen—va aconseguir que els francesos (que en realitat eren suïssos i italians) fugissin espantats, fet que en part va endarrerir la nostra mundialització gairebé dos segles. Vista a la televisió, la festa feia pena.

Els de Montblanc consideren que totes aquestes altres festes són competència deslleial i llancen acusacions de plagi. Com si, posats a simular un món medieval, hi hagués cap altra possibilitat que acabar fent tots el mateix, a partir d'una imatge basada, més que no pas en l'edat mitjana real, en la visió que de l'edat mitjana ens han donat les pel·lícules. Però, a part d'això, la queixa montblanquina té un cert fonament. Si a l'estiu fas un volt per Europa, a infinitat de pobles trobes festes d'aquest mateix estil: a França, a Itàlia, a Alemanya... Entre aquesta homogeneïtzació i la de l'empedrat dels carrers—que s'ha anat unificant durant aquests últims deu anys—arriba un moment que no saps si ets a Maçanet de Cabrenys, a Milhau, a Bordighera o a Friburg de Brisgòvia. A Catalunya—país amb una afició preocupant per muntar pessebres vivents i escenificacions nadalenques amb pastorets i dimonis—la cosa ha tingut tant d'èxit que fa posar la pell de gallina. És una altra conseqüència de l'augment i la banalització del turisme. La coratjosa ciutat de Tortosa, per exemple, busca inversors als Estats Units per convertir l'actual festa renaixentista—amb una llarguíííssima tradició de quatre o cinc anys!—en un parc temàtic amb instal·lacions inspirades en Leonardo da Vinci, ni més ni menys, que ja m'explicaran què hi té a veure.

Suposo que hi deu haver ciutadans a qui entusiasma arribar a un poble i veure'l convertit en un escenari teatral, amb tots els habitants disfressats de renaixentistes i les cases com decorats d'una pel·lícula antiga. Però molts altres voldrien veure el poble tal com és: de debò, amb la seva vida de cada dia i els habitants amb camisa i texans, i no pas amb saragüells, mirinyacs i ulleres de sol, en una impostura grotesca. Quina tristor, aquests pobles amb tantes ganes de guanyar com sigui quatre duros que no tenen cap problema a convertir els seus carrers en un parc d'atraccions i els seus habitants en dobles d'una pel·lícula d'espadatxins. I quina tristor, també, la d'aquests turistes tan poc interessats pel que visiten que agraeixen que se'ls amagui sota una capa de cartó pedra.

EL ZURITO

L'altre dia era a la barra de l'Euskal Etxea, a la placeta Montcada. Era migdia, abans de l'hora de més aglomeració, quan el bar s'omple i per arribar a la barra t'has d'obrir pas a cops de colze. En aquella hora tranquil·la devíem ser cinc o sis clients, que preníem sidra o cervesa. Uns quants acompanyàvem la beguda amb pintxos excel·lents. Dos llegíem la premsa.

Al cap d'una estona sense que ningú entrés ni sortís, va arribar un home corpulent, de mitjana edat, moreno i amb un vestit clar i estiuenc. Era un d'aquests individus que amb el primer cop d'ull ja es veu que van per la vida segurs d'ells mateixos. Tant que, quan caminen, desplacen més volum d'aire del que correspondria pel volum estricte del seu cos. L'home es va acostar a la barra i va cridar el cambrer fent petar els dits.

—Un zurito!

El cambrer va agafar un d'aquests gots baixets que abans eren gairebé exclusius del País Basc i que des de fa lustres—sobretot gràcies a El Corte Inglés—ja es troben a qualsevol ciutat de la península. La primor del vidre els fa especialment agradables. El va omplir de cervesa i el va col·locar davant del client, que el va observar un moment i el va buidar amb dues glopades.

—Escolta, un altre zurito, però més gran que aquest, que tinc set.

El cambrer es va quedar parat.

—¿Què vol dir, més gran? Els zuritos són així, baixets.

—Jo el vull més gran.

Els zuritos són, per definició, gots petits de cervesa, l'equivalent cerveser al txikito de vi. Era una situació absurda. Era com si hagués demanat un quinto i, en portar-l'hi el cambrer, hagués protestat dient que el volia més gran. Els quintos són com són: per això se'n diuen quintos, i si algú vol una ampolla més gran de cervesa doncs té—per exemple, i abans d'arribar a la litrona—la mitjana. Doncs amb el zurito igual. El zurito és una mida concreta de cervesa: petitona. Si en vols un got gran, no demanis mai un zurito, perquè és justament el contrari. Aleshores, ¿per què aquell home va entrar i va demanar un zurito? I encara més: després d'haver vist que un zurito no era el que volia, ¿per què va insistir que li portessin «un altre zurito, però més gran que aquest, que tinc set»?

Després de rumiar-hi una estona, he arribat a la conclusió que, de fet, el que li feia il·lusió era dir la paraula zurito. Dir-la, més que pronunciar-la. Zurito és una paraula d'una sonoritat agradable—com tantes altres paraules amb zetes que et zumzegen per la boca—, però a ell no li interessava tant pronunciar-la com demostrar—o demostrar-se a ell mateix—que estava al dia de l'ambient, que era un connaisseur profund del lèxic basc de les tapes. Quan el veies a la barra—amb les seves sessions de rajos uva i la seva pinta d'executiu tibat com un gall feliç—era fàcil imaginar-se'l de viatge de negocis a Sant Sebastià o a Bilbao: en un racó d'un bar, sentint la paraula zurito, intuint que té a veure amb la cervesa i prometent-se a ell mateix que la farà servir a la primera oportunitat, per demostrar així que és un home de molt de món.

NECESSITAT DE LES POSTALS

Em sembla que és Ava Gardner qui, al seu llibre de memòries, explica que una nit ella i Dominguín van acabar al llit i, després d'unes quantes hores—no gaires—del tradicional apa som-hi, el torero es va alçar del llit i es va començar a vestir. Ava—la gran Ava, reconeguda fins i tot pels rebels com «l'animal més bell del món»—el contemplava des del llit. Era de matinada i el torero no havia de retre comptes a ningú. Si es podia quedar—a dormir o a repetir—, ¿per què se n'anava?

—¿On vas a aquestes hores?—li va preguntar Ava.

—¿On vols que vagi?—es va sorpendre Dominguín—. A explicar-ho als amics!

És un principi arrelat en el més profund de l'ésser humà: la necessitat d'explicar els triomfs als coneguts. Poden ser triomfs sexuals, econòmics, polítics o artístics. Per molta gent, no importa tant aconseguir una cosa com explicar-ho. Si s'aconsegueix i no s'explica, ¿on és el gust?

Aquesta és també la pulsió que mou el pop del turisme. La majoria de gent fa turisme «perquè toca», no pas perquè senti realment cap interès especial per Tailàndia o Guatemala. Va a Tailàndia o a Guatemala—o a on sigui—perquè n'han sentit algun comentari, o perquè un amic que hi va anar els n'ha explicat tal cosa. O, simplement, perquè a l'agència de viatges les fotos d'aquests països van ser les que els van agradar més. Però, si haguessin vist unes altres fotos, no haurien anat a Tailàndia o a Guatemala, sinó a Burkina Faso o a les Fiji. En el fons, el país que visiten no tan sols els importa un rave, sinó que quan tornen el coneixen tan poc com quan hi van anar, exceptuant quatre tòpics i el nom mal pronunciat d'un plat típic.

Vet aquí la importància radical de les postals. Si es viatja «perquè toca» és imprescindible que els altres—parents, amics i coneguts—sàpiguen que s'ha acomplert el ritual. Per poder ser, els turistes necessiten les postals. ¿De què els serviria viatjar a l'altra punta del món si no en deixessin constància? Necessiten les postals i la handycam per tal que en quedin proves i els altres ho sàpiguen. Igual que Dominguín després d'haver-se ficat al llit amb Ava Gardner, necessiten que els amics sàpiguen la proesa. ¿Quina proesa, en el cas dels turistes? La d'haver viatjat a les cascades de l'Iguaçú en un autocar amb setanta-tres persones més, per exemple.

La postal cobreix aquesta necessitat d'una manera fàcil i econòmica. Però aleshores—tant si és a l'ombra d'un avorrit cocoter que es vincla sobre el Pacífic, com si és al bell mig de la plaça de San Marco infestada d'americans, alemanys i coloms—es presenta el problema: ¿què s'hi escriu? Fins a tal punt no se sap què s'hi pot escriure que, de vegades, la redacció del text s'ajorna un dia rere l'altre i al final la postal acaba viatjant de tornada a casa entre les pàgines d'un llibre, i sense segell ni matasegells que l'autentifiqui. ¿I això per què passa? Perquè, en realitat, moltes vegades no hi ha res a dir. Per això sovint costa tant escriure postals. A part d'enviar els petons i les abraçades protocol·laris, o notificar que «estem bé» i que «això és meravellós», o fins i tot repetir el suat «com ens agradaria que fóssiu aquí!», no hi ha gaire res a dir que no es pugui dir des de casa. Però sobre aquesta incongruència s'hi passa de puntetes, perquè l'objectiu real de la postal és anunciar-se a ella mateixa. Ja pots escriure les frases formulistes que vulguis, en el fons el que dius és una altra cosa, sempre la mateixa: «Estic complint el ritual social del turisme i, perquè ho sàpigues, t'envio aquesta postal.» És a dir: te l'envio més per mi que no pas per tu.

LA MÀGIA DE LES PARAULES

No fa ni un mes parlava en aquesta columna de la creativitat lèxica de Carme-Laura Gil. Incapaç de generar les trenta mil places promeses de guarderia, la conselleria d'Ensenyament passava el mort als ciutadans. Però com que resulta molt poc hàbil dir clarament que s'espavilin i que contractin cangurs, la consellera havia tingut la pensada de, per comptes d'anomenar les cangurs pel seu zoològic nom, rebatejar-les com a «mares de dia». Estic convençut que al despatx de molts polítics penja a la paret un rètol que diu: «No cal canviar una cosa només pel fet que a la gent no li agradi: canviant-ne el nom n'hi ha prou.»

Com a posta per confirmar l'escrit d'aleshores, diumenge passat la consellera Gil sortia en aquest diari—entrevistada per Josep Playà Maset—i explicava que, en el seu noble afany per crear guarderies, es troba que, en alguns municipis, el nom no els agrada. Ves per on. Deixem de banda l'idiotesa d'aquests ajuntaments que volen guarderies, sí, però amb aquest nom no, i centrem-nos en l'habilitat de la consellera per trampejar la situació. Diu Gil: «...el [nom] de guarderies no els agrada, tot i que en català existeix i és el que fa servir la gent. N'hem buscat un altre.» «¿Quin?», li pregunta Playà Maset. «Bressola. El fan servir a la Catalunya Nord, és molt català i fa sensació d'escalfor, d'atenció als nens petits...»

És fantàstic. És una nova mostra de la tradició que porta a canviar el nom de taverna pel de bar i, uns quants anys després, a canviar el de bar pel de snack-bar o cafeteria i, al cap d'un cert temps, reconvertir l'snack-bar i la cafeteria en aquests clònics de parets de maons anomenats Il Caffè di Roma. És l'impuls eufemístic que porta a no dir mai cec sinó invident, mai vell sinó de la tercera edat, encara que amb aquests fingiments lèxics no millori gens ni mica la situació d'aquests col·lectius. Per aquest mateix impuls, a les assignatures se'ls diu matèries, i als exàmens, controls. I a les empreses ja no hi ha departaments de personal, sinó de recursos humans, i ja no hi ha venedors, sinó comercials.

Seguint aquesta línia de dissimulacions tan arrelada, ara de la guarderia en direm bressola, una paraula que el diccionari de l'Institut d'Estudis Catalans defineix com a bressol, i prou: sense cap altra accepció pedagògica. Tant és que el mateix diccionari reculli, en canvi, la paraula guarderia! Que la bombin. Com que a determinats ajuntaments no els acaba d'agradar, la canviem i tots contents. A més, segons les paraules de la consellera, bressola és molt català. Tan català com el pa amb tomàquet, la pela de José Coronado i les campanyes de la Generalitat per caure simpàtics. El que no sé és si els polítics que voten per dir bressoles a les guarderies són conscients de totes les connotacions de la paraula. A la Catalunya Nord, on l'acte més compassiu que es pot fer pel català és resar-li unes absoltes, van crear les bressoles a imatge i semblança de les ikastolak. I, per tant, avui en dia, bressola té una connotació inevitable d'immersió de nens petits en un idioma que, al carrer, és pura fantasmagoria. És una perspectiva lèxica que, donada la situació actual del català als carrers de Catalunya, haurien de tenir en compte, per les ironies que els pot comportar.

FORMATGES EMMENTAL

El Fc Barcelona ha anunciat que retirarà, de l'equip d'handbol, les samarretes amb els números 2, 7 i 14, que corresponen als seus exjugadors Òscar Grau, Iñaki Urdangarín i Joan Sagalés. Ho farà com a reconeixement de la trajectòria d'aquests tres esportistes al club i serà la primera vegada que del sostre del Palau Blaugrana penjaran samarretes d'handbol, ja que fins ara només se n'havien retirat de bàsquet: el 4 d'Andrés Jiménez i el 15 de Juan Antonio San Epifanio. Si Lluís Bassat hagués guanyat les eleccions, al 4 i al 15 s'hi hagués afegit el 7, en homenatge a Nacho Solozábal, que en el seu moment no es va retirar per mal rotllo. Però, en conseqüència, aleshores Rodrigo de la Fuente hauria hagut de renunciar al seu 7 i escollir un altre número que no tingués ningú i que no fos ni el 7 ni el 4 ni el 15. En altres clubs catalans, la quantitat de números retirats de la circulació és igual de discreta. Si no m'equivoco, el Joventut té retirats el 7 de Margall i el 8 de Villacampa, i el Tdk, el 7 de Creus i el 10 de Pujolràs.

Si retiren el 2 en homenatge a Grau, ens podem preguntar amb quin número jugarà a partir d'ara O'Callaghan, que és qui el duia. ¿Té cap lògica que O'Callaghan renunciï al seu 2 a causa d'aquesta decisió retrospectiva? El fet de retirar samarretes és un costum que ve dels Estats Units i, per això, allà és on fins ara s'han fet més evidents els problemes que troben els jugadors que, quan canvien d'equip, no poden jugar amb el seu número de sempre perquè en aquell equip està retirat. És el cas de Shaquille O'Neal. Amb els Magic duia el 32 i quan va fitxar pels Lakers es va haver de conformar amb el 34, perquè el 32 estava retirat en homenatge a Magic Johnson. Tota la Nba és un colador. I a hoquei sobre gel, en honor de Wayne Gretzky, de tan bo com era s'ha arribat a la filigrana de retirar la samarreta amb el seu número—el 99—no tan sols dels Rangers de Nova York, que va ser l'últim equip on va jugar, sinó de tots els de la Nhl.

Això de retirar samarretes és d'un sentimentalisme efectista i banal. D'entrada perquè, si la cosa continua al mateix ritme, d'aquí a uns quants anys les alineacions dels equips de bàsquet o d'handbol acabaran semblant un emmental, amb més forats que formatge: 1, 6, 14, 37, 53... I, de sortida, perquè això d'eliminar per sempre el número de cada gran jugador que se'n va és un atac a la idea d'equip, de continuïtat entre generacions que es van rellevant les unes a les altres. Als jugadors que debuten se'ls priva de l'al·licient de portar el mateix número que duien els ídols d'altres èpoques. Si es van retirant tots els números que van portar els grans jugadors, els nous jugadors saltaran a la pista amb números sense cap plus mític. S'anul·la el sentiment d'herència, que fa, per exemple, que en futbol Guardiola jugui amb el mateix 4 que just abans va dur Koeman i que Kluivert porti el mateix 9 que un dia van portar Kubala, Cruyff o Laudrup. Fins ara, per cert, el futbol s'ha sabut resistir a aquesta moda. En part perquè els jugadors, encara que tinguin preferència per un número, no hi estan tan lligats i el canvien sense problema. Però no m'estranyaria que algun dia, la joventut—que, cada cop més, creix immersa en la mundialització esportiva—no entengui per què el futbol no retira samarretes, si tots els esports que veu per satèl·lit ho fan.

RECESSIÓ DELS MALNOMS

Cedillo és un poble de menys de sis-cents habitants, a la província de Càceres, que ha decidit editar una guia local de telèfons. No és corrent que els pobles editin guies, i els de Cedillo, posats a fer, han decidit ser conseqüents amb els usos i costums del poble i fer que els seus habitants no hi apareguin per l'ordre alfabètic dels cognoms, sinó dels malnoms. La notícia explica que hi ha moltes persones, sobretot grans, que recorden més fàcilment els malnoms dels seus veïns—«Cuña», «Galvana», «Lagarto», «Mosquito», «Patata», «Pelotas», «Pito»... —que els noms i cognoms oficials. Fins i tot l'alcalde, Antonio González, hi surt pel malnom: «Boti».

A les ciutats, en canvi, cada vegada hi ha menys malnoms. Recordo que durant la meva infantesa—absolutament urbana—encara eren una cosa corrent. Per exemple, al col·legi. Com que quan tenia set i vuit anys em passava les classes dibuixant dissimuladament a la llibreta batalles estil Capitán Trueno o paisatges lunars plens d'extraterrestres, un dia em van enxampar dibuixant un alienígena amb trompetes per comptes d'orelles i nas i vaig passar a dir-me «el Llunàtic». Més endavant, a les classes de batxillerat a l'institut Ausiàs March—que durant anys vaig compartir amb elements com ara Miquel Ferreres—, els malnoms eren el nostre pa de cada dia. La professora de llatí era «la Lloro», pel seu perfil físic i humà. «La Mujer» era un company que tenia unes maneres al costat de les quals Laetitia Casta semblaria un camioner. «El Mediometro» era Muñoz, el professor de Formación del Espíritu Nacional i de gimnàstica, tan fatxenda com baixet. «El papi Hòsties» era un pare, un capellà, de cognom Armengol, que clavava bufetades que et ressonaven dins del cap durant hores. «El Tigre de Bengala» era García Camacho, un professor de dibuix amb veu profunda i una cabellera i un bigoti immensos, que caminava arrossegant un peu.

Un bon malnom té molt de caricatura. Ha de ser una mica cruel i retratar exageradament els trets més espectaculars de la persona, físics o morals. Als pobles i les ciutats petites encara són una cosa normal. I hi ha llibres que els recullen. Em va entusiasmar, deu fer quinze anys, saber el motiu d'un berguedà amb currículum de seductor que un dia, sense voler, va trencar una peixera. Des d'aquell dia mateix va passar a ser conegut com «el Matapeixos», en una àgil aplicació piscícola de la dita: «Por un perro que maté, mataperros me llamaron.»

Però, de tots, el que prefereixo és el que—segons diuen—van atorgar, en un poble castellà, a un urbanita que s'hi va comprar una casa. Després de pendre possessió de la flamant segona residència, se'n va anar al bar, l'únic bar del poble. Es va recolzar a la barra i va demanar una beguda. L'amo del bar el va servir i li va donar conversa. Que d'on era, que si són verdes, que si són madures... El nouvingut s'interessava pel lloc, per les peculiaritats, per les característiques de la gent... Quan ja feia una estoneta que xerraven, el del bar el va avisar:

—Vagi al tanto, perquè aquí a tothom li planten un malnom.

El nouvingut va somriure amb displicència:
—No es preocupi. Ja m'han previngut.
Durant la resta de la vida va ser «el Previngut».

CINEMA I MENJAR

A la plaça dels Àngels hi ha un restaurant—Pla dels Àngels—que complementa la projecció d'una pel·lícula amb un sopar basat en els plats que apareixen a la pantalla. Per exemple, l'altre dia van fer *Tampopo*, una pel·lícula japonesa que va d'una cuinera que, esperonada per un client camioner, acaba fent una sopa de fideus excel·lent. Doncs bé, al final de la pel·lícula, al restaurant de la plaça dels Àngels van servir uns bols amb sopa de fideus. Pau Arenós, a *El Periódico*, aclareix que «per descomptat no era el líquid sublim que havia après a preparar la tossuda Tampopo durant aquell llargmetratge ple d'olles, però ja era suficient per produir la suggestió de ser alhora dins i fora de la pantalla».

Des que el cine existeix, una de les seves obsessions és justament aquesta: fer desaparèixer la frontera entre pantalla i platea. Ho van intentar amb el sensorround, que volia transmetre al pati de butaques el tremolor terrorífic dels terratrèmols que es veien a la pantalla. I durant dècades es va parlar del cine olfactiu, un cine on—per comptes del desodorant allimonat que sovint escampen per la sala abans de la primera sessió—trobaries, a cada escena, l'olor del que es veiés a la pantalla. Si a la pantalla es veiessin prades silvestres, uns aspersors discrets convenientment instal·lats escamparien aroma de floretes del camp. Si s'hi veiés una escena de luxúria, escamparien l'aroma fort i enganxós que acaba omplint qualsevol habitació després d'unes quantes hores dedicades a aquesta activitat. Si s'hi veiés una batalla napoleònica, amb cadàvers cada dues passes, escamparien olor de pólvora i de sang. Diria que fins i tot en van arribar a fer alguna prova. A tots aquests intents se'ls ha d'afegir la interacció dels espectadors a les projeccions de *The rocky horror picture show*.

L'invent de la plaça dels Àngels l'han batejat amb el nom de «Cinemàpat», una paraula que neix de la juxtaposició de «cinema» i «àpat» més l'òbit de la a de la primera paraula. Ada Parellada, la propietària del restaurant, explica que trien pel·lícules on el menjar sigui un element significatiu. Te'n fas el càrrec ràpidament. Un western amb escena de sopar al voltant del foc de camp: fesols en un plat d'alumini. Pel·lícula italiana: doble ració de pizza. Pel·lícula d'adolescents en una universitat americana: cocacola i frankfurts amb quetxup. *El festí de Babette*: un munt de plats danesos del segle dinou. *Como agua para chocolate*: cuina mexicana «però que no piqui gaire, eh!». Quan facin *El padrí* segur que serviran mandonguilles amb espaguetis tal com les fa el mafiós Clemenza. Si algun dia fan *La grande bouffe*, el tiberi serà pantagruèlic, rematat per aquell flam rosa sensacional i Andréa Ferreol, grassoneta i comestible. La nit que facin *My dinner with André* valdrà més haver berenat amb abundància, perquè de menjar n'hi haurà poc: tot serà xerrameca i xerrameca i grans quantitats de vi.

Jo esperaré a reservar taula el dia que facin *¡Viven!*, aquella pel·lícula que explica les aventures d'uns jugadors de rugbi que van amb un avió que s'estavella als Andes i que, aïllats, per sobreviure es veuen abocats al canibalisme.

ESPLENDOR A L'HERBA

El *Mundo Deportivo* explicava l'altre dia que els aficionats al futbol de Rio de Janeiro tenen el costum d'orinar a les grades del Maracaná. La notícia ha saltat a la primera línia informativa perquè, segons sembla, tanta orina ha acabat desgastant les estructures de l'estadi. Els enginyers i arquitectes que el remodelen han dit que «l'amoníac de l'orina actua com un àcid a les estructures d'acer i les acaba rovellant».

Qualsevol persona que freqüenti un estadi de futbol sap com són d'empipadores les cues que es formen a les portes dels lavabos, sobretot a la mitja part. Al Camp Nou, per exemple, les cues davant dels urinaris fan la competència a les que es formen davant de les parades que venen crispetes o entrepans de botifarra poc cuita. Però d'aquí a ser incapaços de suportar l'espera, descordar-se la bragueta i alleugerir-se al bell mig de les grades hi ha un bon tros, per consol dels encarregats de la conservació de l'estadi i també de tots els aficionats que no han perdut del tot la sensibilitat olfactiva.

Vaig ser al Maracaná un cop, el 1976, en un partit entre el Fluminense i el Flamengo. Com que l'estadi és comunal, vaig triar barrejar-me amb els seguidors del Flamengo, perquè la pensió on m'estava era en aquest barri. Recordo els crits de «Flu, Flu, Flu!» i les pancartes verdes i taronges de «Fluminante» que enarboraven els contraris. Pancartes a les quals els nostres n'oposaven d'altres, vermelles i negres, amb la paraula «Flabuloso» i crits de «Fla, Fla, Fla!». Recordo també les bandes de música que acompanyaven els atacs de cada equip (i que callaven quan atacava el contrari) i el tremolor de l'estadi. L'estadi es movia sota els peus i, per tranquil·litzar-me, un habitual em va explicar que les construccions tan grans justament han de fimbrar. Jo aleshores me'l vaig creure, però ara dubto si en realitat tot aquell bellugueig no era conseqüència del fet que, ja aleshores, l'estructura començava a estar afectada per l'efusivitat urinària dels seguidors.

I que ningú no es posi a somriure i es tregui de la màniga estudis sociologiconacionals de pa sucat amb oli. El primermundista Ernest de Hannover, aristòcrata i marit de Carolina de Mònaco, és conegut per la seva facilitat excretòria. I, passant d'humans a canins, a Barcelona la devastació que provoquen els pixats i excrements de gos és tan gran que, vist que pocs propietaris fan cas del pictograma que prohibeix passejar-los per l'herba, els de Parcs i Jardins han hagut d'instal·lar rètols didàctics davant dels parterres: «Els orins i excrements de gos fan malbé la gespa i les plantes. Utilitzeu els pipicans i els espais per a gossos. Gràcies.» Evidentment, poca gent en fa cas, i cada dia milers de barcelonins treuen els gossos per tal que evacuïn justament a la gespa. Estic segur que, quan han llegit la notícia del que passa al Maracaná, molts d'aquests deuen haver considerat, mentre esperen que el gos aixequi la poteta, que els carioques són uns porcs tercermundistes. Allà és el Maracaná el que es podreix i aquí la gespa, però dubto que, servida en una copa, ni els uns ni els altres sabessin distingir l'orina humana de la canina.

PREGUEU PER NOSALTRES, PECADORS

Aquest estiu l'ajuntament de Barcelona ha aconseguit, finalment, el dret a fer servir la web www.barcelona.com, que al seu dia havien registrat uns honrats ciutadans del Maresme. Ha estat un plet llarg, que s'ha acabat amb una sentència polèmica i—diuen els que en saben—històrica, perquè trenca aquell principi pretesament inviolable que deia que a internet no hi ha classes i que, tal com passa als restaurants que no reserven taules, qui arriba primer s'asseu primer. Amb la decisió sobre el domini barcelona.com es comprova que això no va així, que no tan sols hi ha classes efectives sinó que, encara que estiguis còmodament assegut a la taula que has aconseguit perquè has arribat primer, pot passar que, per comptes de portar-te el segon plat, el cambrer et digui que te n'has d'anar:

—Senyor... Ho sento, però ha de tocar el dos perquè acaba d'arribar aquest altre senyor, que és més important.

El cas de barcelona.com estableix un precedent de primera magnitud. Per això no és difícil deduir que s'aproxima una allau de canvis de propietat de dominis ja adjudicats. Per començar, la cantant i alhora actriu Madonna ha iniciat—davant de l'Organització Mundial de la Propietat Intel·lectual, un organisme que depèn de l'Onu—els tràmits per apoderar-se del domini madonna.com, propietat de Don Parisi, promotor de simpàtiques webs pornogràfiques. L'actriu i alhora cantant Madonna reclama el seu dret a disposar del seu nom artístic com a marca registrada i que no s'atorgui a Parisi, sinó a ella. Parisi ha replicat que Madonna no té més dret sobre aquest domini que qualsevol altra persona amb el mateix nom. (O sense, es podria rebatre, ¿no deien que a internet es tractava justament de demanar el domini abans que ningú més, pagar-lo i ja està?) Madonna, diu Parisi, és una paraula corrent en italià, també incorporada a l'anglès i que apareix en el nom oficial de gran quantitat d'empreses. El senyor Parisi està tan indignat amb Madonna que ha decidit regalar el domini madonna.com a un hospital de Nebraska que es diu així: Madonna Rehabilitation Center. Els el regala amb la condició que l'hospital es comprometi a no cedir-lo—mai!, passin els anys que passin—a la cantant i alhora actriu, o viceversa.

A més de Madonna, hi ha altra gent que es troba en embolics nominals similars: Julio Iglesias, Jean-Paul Gaultier, Sting, Alain Delon... Però el cas de Madonna és el més conegut. És lògic. Perquè Madonna és qui és, pel seu afany d'aconseguir el madonna.com i per les connotacions que té. La cantant es diu, oficialment, Madonna Louise Veronica Ciccone i, precisament, a l'inici de la seva carrera va ser especialment provocatiu el fet que, com a nom artístic, escollís el primer de tots. Una elecció que no va ser gens innocent, perquè Madonna és el nom que en italià es dóna a la Mare de Déu. Considerant les lletres de les cançons i la decidida barreja de sexualitat i crucifixos que practicava, que deixés de banda la resta de noms i el cognom per fer servir aquest i prou va molestar durant força temps certs sectors religiosos.

Per tot això, posats a ser estrictes en la qüestió del

madonna.com, no és la cantant i alhora actriu qui té més dret a reclamar que sigui seu. Molt més dret que la Ciccone hi té la Mare de Déu, *la Madonna*, l'autèntica i original. Si ja no s'ha d'aplicar la lògica d'«a la taula lliure, s'hi asseu qui arriba primer», ella és l'única que de debò tindria dret a apartar-se el nen Jesús de la mamella, deixar-lo un moment al bressol, clavar un cop de puny a la taula i deixar ben clar que el www.madonna.com és seu, i s'ha acabat.

ESPAGUETIS AMB GUACAMOLE

Començo a estar fins al capdamunt d'entrebancar-me, cada dos per tres, amb supèrflues proclamacions de multiculturalitat. Multiculturalitat per aquí, multiculturalitat per allà. Ara mateix, el dossier amb el qual presenten el Festival de Literatura de Londres explica que un dels «temes» de la trobada és «la jove energia multicultural de la vida urbana de Londres al començament del nou mil·lenni». Hòstia, que originals. A Barcelona, algun titular de premsa ha comentat aquests dies que les actuacions musicals de la Mercè són «un cant a la multiculturalitat». Apa, vinga! Fins i tot els restaurants són ara multiculturals perquè ofereixen rijstafel, gaspatxo i lasanya de cuscús, de manera que sovint pots llegir que el restaurant Tal «reflecteix a la seva carta la multiculturalitat dels nostres temps».

A part que sigui tan repetitiu, sorprèn la convicció que molta gent té d'estar descobrint el Mediterrani, encara que faci segles que ens hi banyem. Almenys en aquest racó d'Europa, si fa no fa tothom és producte de barreges de fluids corporals d'allò més «multiculturals». Si resulta que era moro fins i tot Jordi de Sant Jordi! La multiculturalitat és aquí des de fa estona i per sempre. Alegrem's-en, aprofitem tot el que té de bo, però, sisplau, enterrem el clixé. Perquè, a més, sempre que tot d'un plegat s'enarbora un terme com a bandera sovint innecessària és que hi ha gat amagat. En el cas que ens ocupa, la sacrosanta correcció política imposa l'adhesió immediata a qualsevol cosa qualificada de multicultural. «Multiculturalitat» és, ara, un terme intocable i això tranquil·litza els que, si no diguessin això, no sabrien gaire què més dir. De la mateixa manera que el valor al soldat que es llicencia, al món en el qual vivim la multiculturalitat se li suposa. És l'aire que respirem. Per això mateix, que ens ho repeteixin cada dos per tres ja no ens és útil. Ja ho sabem. ¿A què treu cap, ara, vendre que el Festival de Literatura de Londres és multicultural? Des de fa un munt de dècades, sense amagar-se en aquest clixé, a tots els festivals literaris internacionals hi conviuen europeus, africans, americans, asiàtics i de vegades oceànics. ¿Per què ara ens venen com a multiculturals concerts on intervenen persones de diversos països? La música del segle XX ha estat un frenesí de samfaines. Si hi ha algun gremi que no hagi conegut fronteres ni prejudicis per barrejar ritmes i cultures ha estat el dels músics. ¿Què ho fa que, ara, tot d'un plegat, així que dos percussionistes de Moçambic i tres guitarristes napolitans toquen junts, els comentaris treguin a passejar el santcristo gros de la multiculturalitat?

I els restaurants que presumeixen de multiculturals haurien de deixar-se de romanços i, per començar, explicar-nos si el cuiner sap què té entre mans o si és un noiet de vint anys de Pedralbes que en sa vida no ha fet mai cap ou ferrat perquè a casa sempre l'hi feia la mamà. I en canvi ara, sense tallar-se gens, ens prepara tabulés, ceviches i carpaccios de rabada que acaba d'apendre en un curset per correspondència. O en una web d'internet.

GAY I L'ORGULL

La setmana passada, un home de cognom Gay va atacar un bar gai. Aquest va ser, més o menys, el titular que van publicar la majoria de diaris. El protagonista del fet és Ronald Gay, un nordamericà que va lluitar a la guerra del Vietnam, que s'ha divorciat cinc vegades i que està a l'atur. Segons sembla, li feien bromes amb el cognom. És fàcil suposar les més innocents: «Hey, Gay, are you gay?», i la imaginació és lliure de trobar les més pesades. Tip de tanta brometa, en Gay va anar a una gasolinera i va preguntar a un dels treballadors si sabia d'algun bar homosexual. La notícia no explica per què va triar una gasolinera per anar-se'n a informar, ni si hi va influir que els camioners hi facin gasolina. En canvi sí que explica que, quan li van indicar on era el bar, potser perquè no s'imaginessin el que no era, en Gay va proclamar que anava a «matar uns quants maricons» (i fixin-se que per qualificar-los va eludir el seu cognom). Quan van sentir l'amenaça, els de la gasolinera van avisar la policia. Però en Gay va ser més ràpid: va arribar al bar abans que els servidors de la llei, va treure l'arma i va començar a disparar. Va matar un home i en va ferir cinc més.

Fa unes quantes setmanes, *Italy Daily*, el suplement italià de *The International Herald Tribune*, va publicar una gasetilla que hi té una certa similitud conceptual, però gastronòmica i sense morts. Als afores de Bolonya, Fabrizio Spaghetti, de quaranta-vuit anys, va ser detingut mentre intentava robar una botiga de tortellini. Però el cas de Ronald Gay és diferent. Si una persona neix amb el cognom de Spaghetti, ja es pot imaginar què li espera a la vida. Però, en el seu moment, a molts Gay el canvi semàntic els devia agafar per sorpresa. Perquè fins fa poques dècades l'ús d'aquesta paraula va ser exclusivament anglosaxó i críptic, un codi tribal que els heterosexuals no entenien. No va ser fins al 1948, a l'edició original d'*Altres veus, altres àmbits*, que Truman Capote va escriure (en dos dobles sentits que aleshores només copsaven els que estaven al cas, i que es perden a la traducció): «A gay breeze tossled his hair queerly». És ben clar que la nova accepció de la paraula no es va generalitzar fins entrada la segona meitat del segle.

El cognom Gay és força corrent, no tan sols als països anglosaxons. A Catalunya hi ha Gay il·lustres al món del dret i dels concerts. La guia telefònica de Barcelona recull cent telèfons a nom de persones que es diuen Gay de primer cognom. Cent Gay justos; ni un més ni un menys. Si entre ells hi ha algun homòfob d'edat avançada, és possible deduir què devia pensar quan, fa unes quantes dècades, es va consolidar el nou possible significat del seu cognom. Generacions i generacions de Gay havien viscut en un món d'aparent uniformitat heterosexual, sense més connotacions que l'alegria, l'heràldica («gai» s'aplica a l'animal sense guarniment, especialment el cavall) o la trobadoresca. En espanyol, només existeix aquesta última, em sembla. I, tot d'un plegat, el cognom agafa un significat imprevist. Aquest també devia ser el cas de Ronald Gay. A part de faltar-li un bull, va créixer sense adonar-se de la moral de la història: les llengües i els lèxics són tan volubles que no es pot estar mai segur que, un dia o altre, no es tornassoli fins i tot el cognom més innocu.

CATATONIA

Fa exactament un mes i cinc dies que Jordi Jané, diputat de Ciu al Parlament espanyol, va pronosticar que, si finalment el Govern central no incloïa a les noves matrícules «les lletres autonòmiques», el fet «generaria problemes a Catalunya». Segons ell, la ciutadania correria a comprar adhesius amb les lletres CAT i se'ls enganxaria al cotxe. Josep Huguet, d'Erc, va declarar aquell mateix 8 de setembre que la imposició de la E «provocarà la desobediència civil». La desobediència civil! Quan rellegeixes la premsa d'aquells dies tan propers, comproves que altres polítics anunciaven si fa no fa una rebel·lió de la categoria dels rebomboris del pa o del tancament de caixes.

No havien passat ni dues setmanes d'aquests pronòstics que el govern d'Aznar va firmar l'ordre ministerial que finalment determina que a les matrícules hi va la E i prou. El CAT se'l va menjar el gat. Mires al voltant i et preguntes: ¿on és la rebel·lió anunciada, on és la reacció irada dels catalans enganxant el CAT als cotxes amb la mateixa decisió del comte Guifré quan va sucar els dits a la ferida per passar-los per l'escut daurat? El cap de setmana següent de l'ordre ministerial, uns quants diaris regalaven adhesius amb el CAT. *La Vanguardia* en regalava dos, brillants i resistents a les inclemències del temps. Quinze dies després, sense por que ens titllin d'impacients, ens podem preguntar què se n'ha fet. ¿Van anar a parar directament a la paperera o la gent els guarda a l'àlbum, al costat de la participació de casament de la nena i de les entrades del dia que van anar a Disneyland? Potser a d'altres zones de Catalunya la iniciativa ha estat un èxit. A la ràdio fins i tot surt una senyora que declara que, com que no té cotxe, s'ha posat el CAT al carro d'anar a comprar. També hi deu haver algú que l'hagi enganxat al caminador de l'àvia. Però, a la metròpoli de Barcelona—on viu més de la meitat de la població de Catalunya—, en quinze dies només he vist dos cotxes amb el CAT. Només dos. Amb la quantitat de cotxes que s'arriben a veure pel carrer en dues setmanes, dos cotxes són un tant per cent infinitesimal. Ni tan sols les noves matrícules amb la E incorporada—que ja comencen a ser corrents—inciten els propietaris a compensar-les amb el CAT.

El detector que utilitzen els nacionalistes (catalans) per estar al cas del fervor catalanista del carrer fa temps que s'ha espatllat. ¿On han anat a parar els pronòstics de Jané? ¿Què se n'ha fet de la desobediència civil que anunciava Huguet? Sense cap mena de problema, els nacionalistes (espanyols) han decretat la E i han relegat el CAT a la zona dels adhesius pintorescos i voluntaris, on conviu, a tot estirar, amb el de Sant Miquel del Fai o el d'«Ara, Lleida!». I aquí no ha passat res, i a esperar amb quina altra ens sortiran.

És el cansament. Cada dos per tres toquen a sometent i després hem de veure com, per sota el taulell, es venen, de trosset en trosset, fins i tot la campana amb què convoquen. I, esclar, arriba un dia que ja no queda ni campana.

GAO XINGJIAN I NIURKA MONTALVO

Pel fet de ser el primer al qual concedeixen el Nobel i amb poca cosa a dir sobre la seva obra, per desconeguda, els mitjans de comunicació n'han destacat, sobretot, la condició de xinès. «El primer xinès que s'emporta el Nobel de literatura...» «Abans no s'havia premiat mai cap escriptor xinès...» Efectivament, Gao Xingjian és xinès. Va néixer a l'est de la Xina el 1940 i va passar els primers quaranta-set anys de la seva vida en aquell país. Però des del 1987 viu a París, i això vol dir que els últims tretze anys els ha passat a França, la majoria ja amb nacionalitat francesa. Per això, la setmana passada, després de saber-se la notícia, l'agència France Press, plena d'orgull, va anunciar que el Nobel havia anat a parar a «un escriptor francès en llengua xinesa», i tot seguit el va afegir a la llista de premis Nobel de la literatura francesa. Més diplomàtic, el president Jacques Chirac va declarar: «És un premi que honora la Xina i França.»

Molta gent comenta amb un mig somriure la rapidesa amb què «aquests veïns que tenim al nord» han col·locat immediatament Gao Xingjian a les seves files. «Els francesos ja hi tornen a ser, una altra vegada...» És una suspicàcia fonamentada en la tradició, perquè França sempre ha sabut fer-se seus pintors, cantants i escriptors nascuts a qualsevol racó de món. Es va apropiar Picasso, Ionesco, Charles Aznavour... I, segons mig món, hi ha poques coses tan franceses com Aznavour, Ionesco o Picasso, encara que aquest es posés gorra de torero i pintés toros i toreros; i més des que les corrides ja són més franceses que la crep Suzette.

¿Que els francesos consideren Gao Xingjian francès? ¿I què? Són massa recents els escàndols que van provocar les dubtoses nacionalitats espanyoles de certs esportistes que havien de participar als últims Jocs Olímpics perquè ara ens posem puristes en una qüestió tan delicada. Recordem els esforços que va fer el tinglado esportiu espanyol per presentar com a espanyols Niurka Montalvo i Iván Pérez, cosa que la indignació cubana va impedir. I recordem que, actualment, defensant la samarreta d'Espanya trobem el futbolista Catanha, la nedadora Nina Jivanevskaia o els jugadors d'handbol Talant Duixebàev i Andrei Xepkin. Si tots aquests són la mar d'espanyols, ¿no pot ser francès, Gao Xingjian?

El que passa, això sí, és que la consideració pública de la nacionalitat d'un escriptor és diferent de la d'un esportista. La gent té tendència a adjudicar a l'escriptor la pàtria de la llengua en què escriu. Que no és el mateix que això tan repetit de Francisco Ayala: que la pàtria d'un escriptor és la seva llengua. Afirmació que només és parcialment certa, perquè, a més de la importància del fang de la llengua, s'ha de tenir en compte l'àmbit de complicitats de què parla Cees Nooteboom, i que es teixeix d'obra en obra, en principi amb els lectors lingüísticament naturals, però, quan això no pot ser, amb els que sigui, començant pels del país que t'acull. I ja em diran quin àmbit de complicitats ha tingut, almenys fins ara, aquest escriptor xinès prohibit a la Xina, i el teatre del qual només es representa a França i a la Bèlgica francòfona, evidentment en francès.

COPA I PURO

A la sessió parlamentària de dimecres hi va haver tensió entre Josep Curto, del Pp, i Rafael Ribó, d'Ic. Parlaven del cas Pallerols i de la posició del Pp en aquest assumpte escabrós. I aleshores, en el fragor de l'estira i arronsa, va Curto i li etziba a Ribó: «Aquí anem donant lliçons d'honestedat, de transparència. Comenci per vostè, senyor Ribó, que és d'aquests que va a una manifestació en defensa dels treballadors i després es fuma un puro de mil pessetes i beu vi de tres mil pessetes, cabernet sauvignon.»

Insuperable. Confesso que la debilitat que sento per Josep Curto va néixer un dia del 1997 quan, en una entrevista amb Antoni Bassas, aquest li va preguntar per un document intern del partit on es marcava l'estratègia que calia seguir per imposar el nacionalisme espanyol. Curto va contestar que això era fals i, perquè es veiés que n'estava realment convençut, ho va rematar amb la frase «Poso la vida de mon pare per testigo». Davant la sorpresa de l'audiència, va afegir: «I són manifestacions que no se solen fer pels mitjos de comunicació.» Em va enamorar que el descrèdit polític hagués arribat a un nivell tan tavernari que calgués posar la vida del pare com a aval.

Des d'aquell dia m'he convertit en un admirador fidel de les intervencions de Josep Curto. Llàstima que els informatius de la tele ens les escatimin. Dimecres ens va oferir una lliçó d'ètica enològica i de sociologia de l'havà. ¿És moral que Ribó, després d'anar a una manifestació «en defensa dels treballadors», fumi un puro de mil pessetes? A més o menys mil pessetes, a l'estanc de la cantonada—L'Estanc de Mistral—venen Epicure de Hoyo de Monterrey, Punch Punch, Siglo II de Cohiba... Un munt. Llàstima que Curto no en concretés la marca. Suposo que, segons ell, el que toca després d'anar a una manifestació «en defensa dels treballadors» és fumar-se un Farias. Els puros són pels consells d'administració de Telefònica.

Em fascina l'espontaneïtat de Curto. Perquè, després, hi ha això del vi. A més o menys tres mil pessetes l'ampolla, a L'Hereu, del carrer Borrell, tenen Faustino I Gran Reserva i Viña Tondonia Reserva, tots dos del 94. ¿Són aquests els vins que beu Ribó? ¿I l'exaltació curtiana del cabernet sauvignon? Al mateix L'Hereu tenen un cabernet sauvignon—amb l'etiqueta Solergibert—per set-centes miserables pessetes. Rafael Ribó ¿es pot permetre un cabernet sauvignon si només li costa això? A Curto, això del cabernet sauvignon li deu semblar el cim del je ne sais quoi dels vins. Em fa pensar en el James Bond cinematogràfic, que, per impressionar les noies amb el seu saber anar pel món, sempre demanava Dom Perignon, com si fos el súmmum.

Quan Franco encara era viu, els ciutadans franquistes—molts més dels que ara expliquen les cròniques—així que podien comentaven que el cantant Raimon tenia un cotxàs: «Sí, molta cançó de protesta i molt defensar els pobres, però ell té un cotxàs.» No sé si Raimon va tenir mai cap cotxàs, però el comentari sobre els puros de mil pessetes i els vins de tres mil és calcat dels comentaris sobre el dret de Raimon a desplaçar-se en cotxes d'una determinada cilindrada, i igual de demagògic. Tampoc no ens ha d'estranyar: els testos s'assemblen a les olles.

HAL·LUÍN

Aquest any s'ha fet un pas definitiu en l'adopció de Halloween com a festa gran del nostre calendari. Ja es veia a venir. Des de fa anys, cap a final d'octubre els diaris en parlaven cada cop més, i Joan de Sagarra ens n'explicava el ritual: comprar una carbassa a la Boqueria, buidar-la, foradar-li ulls, nas i boca, il·luminar-la des de dins amb una espelma i posar-la al balcó, perquè la vegi tothom.

Però, aquest any, la cosa s'ha multiplicat més que mai. El Halloween se celebra a bars, discoteques i a moltes cases particulars. Fins i tot Bazar El Regalo celebra —ahir i avui—un Especial Halloween amb un vint-i-cinc per cent de descompte! Les revistes i els suplements dels diaris parlen de Halloween sense complexos, com la cosa més natural del món. Diumenge, les pàgines salmonades de *Vivir* presentaven un informe de la lluita entre la festa nova i la vella castanyada. Per acabar-ho de rematar, dilluns, *Plats bruts* va escenificar aquesta mateixa oposició.

Una oposició que, de fet, no hi és. Perquè la castanyada ja es dissol en el Halloween, convertida entre nosaltres en el seu vessant gastronòmic. I llestos. Des del punt de vista de l'espectacle no hi ha color entre una celebració i l'altra, ni té cap mena de sentit pensar que aquella no es pot integrar en aquesta. Aquella consisteix a seure al voltant d'una taula i atipar-se de menjar i beure vi dolç amb parents que podries esperar a veure per Nadal. I aquesta és un festival alegre de disfresses, terror, morts, fantasmes... Ja fa moltes dècades que al cine i a la televisió veiem tots els passos d'aquest costum i els aprenem: la col·lecta casa per casa, les carbasses il·luminades, les històries de por... ¿En nom de què direm a les noves generacions que renunciïn al que han après a les pantalles i es limitin a engolir castanyes i moniatos com els seus avis? Fins i tot els que odien els Estats Units per sobre de tot tenen una coartada: abans de ser americana—no fa ni cent anys que hi va arribar—la festa de Halloween era celta, europea. ¿I què millor que una reafirmació d'europeisme en aquests temps d'unitat continental i l'euro per terra? Els que se n'esquincen les vestidures ja poden començar a portar-les a ca la modista perquè les hi apedaci. Passarà el mateix que amb l'oposició entre Reis amb pessebre i Pare Noel amb arbre de Nadal. Encara que a molta gent li sembli impossible, no fa gaire temps encara es discutia si era tolerable que s'implantés entre nosaltres la tradició bàrbara del Pare Noel i l'arbre. I, ja ho veuen, tots dos s'han imposat sense cap problema i conviuen amb els Reis amb tota normalitat.

Els savis de les acadèmies ja poden començar a buscar adaptacions de la paraula. En català, la cosa sembla força clara: «hal·louín» o «hal·luín». I, en espanyol, aquests que prefereixen escriure «güisqui» per comptes de «whisky» haurien de començar a discutir si triaran «jalouín» o «jaluín». En èpoques menys il·lustrades, per analogia la paraula hauria acabat convertint-se en «jaleín», que seria un preciós *jaleo* petitó.

ELS SENTIMENTS

A propòsit de la pel·lícula *Obra maestra*, de David Trueba—interpretada per Ariadna Gil, Pablo Carbonell i Santiago Segura—, un locutor de ràdio deia: «És la primera vegada que David Trueba dirigeix la seva companya sentimental, Ariadna Gil.» Durant aquestes setmanes de promoció de la pel·lícula, s'ha sentit i s'ha llegit sovint que Ariadna Gil és «companya sentimental» de David Trueba. I David Trueba, «company sentimental» d'ella.

Temps enrere era una expressió corrent, però últimament semblava que anava de baixa, que estava relegada al circ de les revistes de xafarderies. Però pel que es veu ara torna a agafar força fora d'aquest àmbit rosa. I és que, des que el matrimoni va deixar de ser l'únic acord amorós oficial possible entre dues persones, és difícil trobar la paraula neutra que qualifiqui els que mantenen una relació de convivència. Ja fa quatre dècades que fem piruetes terminològiques per designar una cosa que abans era la mar de senzilla: marit i muller. O espòs i esposa. Però quan la ventada dels seixanta va tirar tot això per terra i molta gent va començar a compartir pis i llit sense firmar prèviament papers contractuals, la cosa es va complicar. Ja no eren espòs i esposa. N'hi va haver que van recórrer als termes de «company» i «companya»: «Et presento l'Oriol, el meu..., el meu company.» Després d'uns anys en què dir «nòvio» i «nòvia» era el súmmum de la carrincloneria, l'ús irònic els va rescatar de l'ostracisme i, avui dia, «nòvio» i «nòvia» s'han trobat amb el camp semàntic ampliat i fins i tot es fan servir per designar gent que fa anys que viu sota el mateix sostre. ¿I això de «parella»? Se'n fa un ús ben curiós, per designar la persona amb la qual es viu. Curiós i equívoc, perquè si algú et diu: «Mira, et presento la meva parella», el que esperes és que et presenti dues persones, amb la qual cosa el muntatge adquireix la categoria admirable de trio. Però després resulta que no, que només et presenta una persona, i una persona no és cap parella, sinó, en tot cas, mitja. ¿Més possibilitats? En moments de dubte i forçant el to irònic, n'hi ha que parlen de la «parenta» i el «parent». I a pobles i ciutats petites de Catalunya es fa servir «el meu home» amb la mateixa normalitat que «la meva dona». Les cançons—parisenques o de Buenos Aires—també ens parlen sovint del «meu home», amb un sentit tràgic que no donen a la «meva dona».

El costum d'afegir «sentimental» al substantiu «company» s'entén de pressa. No volen que es confongui amb company de feina o company de repartiment. Però ¿per què trien precisament l'adjectiu «sentimental»? Una parella que comparteix moltes coses de la vida, entre altres uns fills, és un organisme d'intendència complicada, on els sentiments només són una part. Es podria parlar de companys sexuals, companys econòmics, companys amorosos, companys procreadors... Però, de totes aquestes possibilitats, curiosament trien la sentimental. Sense recordar el que confessava aquella parella descrita per Stanisław Jerzy Lec: «Estàvem tan units que entre nosaltres no quedava lloc ni pels sentiments.»

ENCADENATS

Cindy Crawford ha estat a Madrid per inaugurar un centre de gimnàstica integral anomenat Fitness Sport 24h, del consell d'administració del qual forma part. A l'entrevista que li fa el setmanari *¡Sorpresa!* la model declara—no podia ser de cap altra manera—que està encantada amb Espanya. Només hi troba un problema: «L'única cosa dolenta d'Espanya és l'horari dels àpats. Jo a les set de la tarda ja em moro de gana i en aquesta hora és impossible trobar cap restaurant obert.»

En general, aquesta mena d'afirmacions es resol amb menyspreu: «Aquests estrangers... Que s'adaptin als nostres horaris!» Però potser comença a ser hora de no considerar inamovibles costums que no cal que ho siguin i valorar si els horaris d'aquest país potser són absurds i es perpetuen per la rigidesa d'una tradició dubtosa que valdria la pena replantejar-se.

Aquest estiu, a Mònaco, es va fer un seminari sobre els trastorns del son, organitzat pel laboratori Sanofi-Synthelabo. Entre moltes altres conclusions, hi ha la que diu que, cada dia, els espanyols dormen una mitjana de quaranta-set minuts menys que la resta d'europeus. Cap al final del mes d'agost, *La Vanguardia* entrevistava sobre aquests resultats la màxima autoritat espanyola en l'assumpte del dormir, el doctor Eduard Estivill, de la unitat d'alteracions del son de l'Institut Dexeus i de l'Hospital General de Catalunya. Estivill explicava que aquests quaranta-set minuts provenen, fonamentalment, del retard de l'hora de sopar: «Com que sopem entre les nou i les deu del vespre, anem a dormir entre les dotze i la una, però cal deixar clar que aquest retard no implica que l'endemà ens llevem més tard que els nostres veïns. Entre el vuitanta i el noranta per cent dels espanyols es lleva cada dia entre dos quarts de sis i dos quarts de set del matí, exactament igual que a la resta d'Europa.»

Hi ha qui diu: no podem sopar abans perquè tots pleguem tard de treballar. D'entrada, això no és del tot cert, perquè molta gent plega d'hora de la feina—a les cinc o les sis—, de manera que podria estar sopant perfectament a les set o les vuit. Però hi ha una altra cosa: la culpa que molta gent plegui tard de treballar és de la fatídica aturada que es produeix cada dia, a primera hora de la tarda. Hi ha un munt d'empreses i botigues que tanquen entre la una, dos quarts de dues i les dues de la tarda i no tornen a obrir fins a les quatre, dos quarts de cinc o les cinc. ¿Quin sentit té aquest descans que pot durar entre dues hores i quatre, just a mitja jornada laboral? És absurd. No beneficia ningú. Si es descansés mitja hora o una hora—suficient per menjar alguna cosa i continuar treballant de seguida—, cada dia la gent plegaria de la feina dues o tres hores abans. De manera que no tan sols podria sopar més aviat i dormir les hores necessàries, sinó que també tindria temps per estar a casa o anar al cinema, o passejar o llegir en un parc. Fes el que fes, podria tenir temps per ella mateixa, que és el millor regal que es pot fer una persona.

Però sospito que a molts ciutadans els horroritza, per damunt de tot, la possibilitat de tenir temps per ells mateixos. Els va de primera dividir en dues parts inaprofitables el temps de què disposarien si els horaris espanyols fossin racionals. Ja els va bé tenir una estoneta inservible a primera hora de la tarda i una altra a la nit, amb la qual cosa no es poden regalar tres hores seguides de llibertat. Hi hauria l'esperança que, amb la famosa caiguda de fronteres i la Unió Europea, les empreses espanyoles es veiessin forçades a modificar els horaris i adaptar-los a la lògica. Però no hi ha caiguda de fronteres que hi valgui quan la rutina i l'orgull de pandereta han incrustat als gens la decisió de no tenir mai tres hores seguides per un mateix. Terror! ¿Què en farien?

LES BOMBOLLES

El *Listín Diario* de Santo Domingo explica un fenomen que es produeix a les illes Galápagos, un arxipèlag equatorià de prop de deu mil habitants situat a mil quilòmetres de la costa. Segons sembla, una gran quantitat de nens i de joves d'aquestes illes es pensa que la seva capital és Lima, i Alberto Fujimori el seu president. Es preocupen més pels partits de l'Alianza Lima, l'Universitario o l'Sporting Cristal que pel futbol equatorià. En resum: es pensen que són peruans.

La confusió sorgeix del fet que a l'arxipèlag no poden veure cap cadena de televisió equatoriana. L'única que els arribava va deixar d'emetre l'any passat, per motius financers. En canvi, capten sense problema les tres cadenes de televisió del Perú. Per això ara s'interessen per l'Sporting Cristal, Fujimori (o Toledo) i Lima. ¿Què saben de l'Equador, si no el veuen a la tele? No cal dir que, evidentment, els diputats equatorians i el governador de la província treuen foc pels queixals i exigeixen una solució al Govern, que consistiria a enviar-los televisió per satèl·lit, un muntatge que els costaria uns quinze mil dòlars mensuals (una mica més de disset mil euros). Però ¿què són disset mil euros si està en joc el sentiment nacional d'una part de la pàtria equatoriana?

L'anècdota és esplèndida i exemplificadora. En situacions d'identitat nacional dubtosa (o no prou arrelada, o artificial), la televisió decanta la balança. No cal anar gaire lluny per trobar-ne més exemples. A Catalunya ja sabem de què va. L'aparició de la televisió, als anys cinquanta, i la seva implantació arrasadora durant les dues últimes dècades del franquisme van contribuir decisivament a convertir el sentiment nacional català en una peculiaritat regional o (com n'hi ha que diuen) autonòmica. Aquesta mateixa implantació—i la consegüent possibilitat de veure únicament cadenes on Catalunya només existeix per fer acudits sobre la pesseta—ha permès que bona part del cinturó barceloní s'hagi impermeabilitzat definitivament davant de tot allò que és català. A molts llocs del món es produeixen situacions similars. I el boom de la televisió per satèl·lit ha acabat de reblar el clau. Gràcies a la parabòlica, grans quantitats de persones viuen en un país sense acabar-se'n d'adonar. Surten al carrer, treballen, compren el que els cal i tornen a casa a instal·lar-se a la bombolla que són els canals de televisió del seu país. Abans això no havia passat mai. Es podien crear guetos, més o menys grans, però, més o menys de pressa, per contacte, s'acabaven difuminant en el gran tot de la ciutat, i alhora la modificaven. Ara no. Ara, amb una mica de voluntat i ganes de no barrejar-se amb els indígenes, pots viure a Milà com si estiguessis a Karachi. O a Pequín com si estiguessis a Madrid. És el que tradicionalment feien els diplomàtics.

Però de diplomàtics n'hi havia pocs i ara és molta la gent que es pot muntar la bombolla amb facilitat. Per això és simptomàtic el cas dels joves de les Galápagos, que es pensen que són peruans per comptes d'equatorians. Segur que si (de manera experimental) els fessin arribar exclusivament canals veneçolans, al cap d'uns quants anys es pensarien que són veneçolans. La nació és circumstancial, l'essencial és la televisió que se sintonitza.

L'E-MENDICITAT

Ben obedients, tots els sectors de l'economia ja tenen el seu lloc a internet. De mobles a impressores matricials, de llonganisses a joies. ¿Com podia ser d'una altra manera, si ens han avisat mil vegades que ens hem de posar al dia i que qui no sigui a la teranyina no serà ningú? Així les coses, és evident que en aquest entramat comercial no hi podia faltar un dels sectors econòmics més menyspreats, però imprescindible: la mendicitat.

¿No hi havia d'haver captaires a internet? Esclar que sí. I apliquen el mateix esquema que els del carrer: moure a la compassió per provocar l'almoina. Amb un avantatge: aquí encara no es barallen per les millors cantonades, ni porten a coll cap nen sedat. Es pot pagar amb targeta de crèdit, gir postal o enviant bitllets dins d'un sobre. En una web francesa hi ha un *cybermendiant* assegut en un carrer, davant d'una paret. Té un plat al davant per deixar-hi els diners i, al costat, una tele abandonada amb una proposta: «¿Us fa estar tristos tenir diners? ¿En teniu massa? ¿No sabeu què fer-ne? Confieu-me'ls. Així dormireu tranquils.» En una web alemanya, he trobat un cibercaptaire turc, estudiant a Stuttgart, sense feina, que té una pila de deutes i implora caritat.

Com tot a internet, qui té més webs captaires són els americans. És fàcil localitzar-les teclejant la paraula «cyberbeggar». La listen.to/thecyberbeggar explica per què: «Hola, gràcies per la vostra atenció. Demano l'ajuda de la gent d'internet per aconseguir la donació econòmica més gran de la història. Junts ho aconseguirem! Ajudeume a guanyar un milió de dòlars. Necessito que m'ajudeu. El meu somni és viure en un món lliure, demostrar que a internet es poden fer miracles, que fins i tot un simple captaire, amb l'ajut de tothom, es pot convertir en un home ric. No em deixeu de banda!»

No n'hi ha cap que imiti els del metro: «Buenos días, señoras y señores, permítanme que les moleste un momento su atención, acabo de salir de la cárcel, estoy sin trabajo, si ustedes tienen a bien darme algo para ayudarme se lo agradeceré, ya que si es triste pedir más triste es tener que robar...» En espanyol, l'únic cibercaptaire que he trobat és a la www.damealgo.com i consisteix en una mà que demana i un número de compte: 2013-0717-63-0200-421387. Senzill i eficaç. Pels quatre primers dígits es veu que és un compte de la Caixa Catalunya, pels quatre números següents que és d'una oficina de Barcelona, la de Girona-Ausiàs March, si no m'equivoco.

Només hi ha un problema. Així com al carrer els captaires els trobes sense buscar-los, els virtuals són difícils de detectar. Si a la vida real es col·loquen a la porta de les esglésies, al costat de les oficines bancàries o al metro, em sembla que seria just que les grans corporacions—Transports Metropolitans de Barcelona, el Vaticà, la Caixa... —els deixessin un raconet als seus sumptuosos portals perquè poguessin col·locar el seu banner, de manera que la caritat cibernètica llueixi tal com es mereix. Jo començaria per oferir un espai al de la www.damealgo.com, que és de Barcelona i, pel que es veu, pobre però emprenedor.

RETORN AL FUTUR

Quan Clos ha informat que ha ordenat retirar del museu militar del castell de Montjuïc els objectes amb símbols feixistes (que fa vuit dies encara s'hi podien comprar), els diaris han il·lustrat la notícia amb la foto de Robert Ramos a l'*Avui*, diari que va fer públic l'escàndol. A la foto es veuen dues gerres de cervesa: una, amb l'escut de les Ss; l'altra, amb una esvàstica. Al costat de les gerres, un llibre titulat *Museo Militar Castillo de Montjuich*. Tal qual, amb hac final, amb una grafia que el seny i més de dues dècades sense franquisme aparent semblava que havien relegat al bagul dels records.

Tothom ha posat el crit al cel per les esvàstiques i les Ss. Pocs per la hac de «Montjuich», com si aquestes dues coses no anessin íntimament lligades. És prou coneguda l'estimació del nacionalisme espanyol per la toponímia prefabriana. Per això (en un esforç perquè el català adquirís la condició de fòssil del segle dinou), una de les primeres disposicions del règim de Franco a Catalunya va ser liquidar els noms propis de lloc que s'havien fixat durant la Generalitat republicana. Fins al final de la dictadura no es van poder recuperar, netejar i polir.

Però, des de fa un cert temps, els topònims arcaics que el bon sentit fabrià havia arraconat reneixen sense pressa però sense pausa. Deuen ser els vents que bufen. Vegem-ne uns quants casos. Hi ha una coneguda marca de patates fregides i fruits secs que, com és lògic, col·loca a les bosses la seva adreça i el nom del poble on es troba: Maçanet de la Selva. L'altre dia vaig comprar una bossa d'orellanes i, de cop, vaig trobar que s'ha transformat en «Massanet» de la Selva. ¿Un altre cas? Deu fer un any, el Foro Babel em va enviar una carta (firmada per Vicente Serrano, coordinador del Foro Babel Barcelona) on em convidava a una presentació i, si em venia de gust, a integrar-me a l'invent. A la carta explicava que el Foro s'ha implantat a diferents llocs de la geografia catalana com ara «Maresme-Premia, Ampurda-Palamos, Valles-Sabadell...» Ja ho veieu: «Premia», «Ampurda», «Palamos», «Valles». ¿Més casos? La guia Campsa parla, sense cap mena de vergonya, de poblacions com ara «Villanueva y Geltrú», «San Pedro de Ribas», «Villafranca del Panadés», «San Sadurní de Noya» o «San Feliú» de Guíxols. ¿Encara més? Només cal donar un cop d'ull als aparadors d'aquestes agències immobiliàries que últimament hi ha a cada carrer de Barcelona i veure que ofereixen pisos a «Sans», «Hostafranchs» o «Coll-Blanch». ¿Continuem? Un restaurant oriental del carrer Arizala de Barcelona fa uns quants dies s'anunciava explicant que és a «Sans». No sé què en deuen pensar els veïns d'aquest barri, que durant dècades van reivindicar la correcta grafia de Sants i que veuen que ara, «sin que se note el cuydado», ha començat la marxa enrere.

Diuen que demà, 20 de novembre, fa vint-i-cinc anys de la mort de Franco. Potser ell es va morir, però els seus hereus del front toponímic continuen frescos com una rosa. Ja anem bé per anar a «Sans».

ELS DETALLS DEL DECORAT

Els anuncis del nou Audi A2 que es publiquen a revistes i suplements dominicals són de dues pàgines. N'hi ha un que presenta, a la de l'esquerra, un senyor calb i amb ulleres que llegeix assegut entre prestatges plens de llibres. A sobre, la paraula «consum». A la pàgina de la dreta veiem un A2 al carrer, preciós. A sobre, el titular «¿Hi ha paraules que segons tu volen dir una altra cosa?», i un text on queda clar que, segons ells, la paraula «consum» no té el sentit pejoratiu que se li sol donar. Això explica què fa el senyor de la pàgina de l'esquerra: és en una biblioteca i llegeix, probablement al diccionari, la definició de «consum».

Però, a part del llibre que llegeix, a la biblioteca n'hi ha molts més. La majoria dels lloms són difícils de desxifrar, perquè estan desenfocats. Però n'hi ha d'altres que no. Hi ha llibres sobre el free style, Warhol, Doisneau, Sieff, Matthew Holston, Bruce Weber, i el *The States* de Richard Avedon, el fotògraf cap al qual va volar el «Conillet de vellut» de Serrat (una dona, per cert, que els plebeus vam conèixer no fa gaire al programa d'Àngel Casas: impressionant). En fi: segons el que es veu, molta fotografia, molt d'art i molta arquitectura. Però hi ha molts més llibres: un exemplar de *Passage* d'Irving Penn, un altre sobre cases (*The twentieth century american house*), dos volums titulats *Welcome 92*, un sobre *México antiguo*, molts llibres de Salvat, algun de Destino, un d'Anagrama (*Ada o el ardor* de Nabokov) i dos de Seix Barral (*El perfum* de Patrick Süskind i *La ciudad de los prodigios* d'Eduardo Mendoza). A més del *Pequeño Espasa* i del *Diccionari general de la llengua catalana* de Pompeu Fabra.

Si tenim en compte la xenofòbia que desperta en segons quins llocs tot el que és català, sorprèn que aquest últim llibre ocupi un lloc preferent, on se'l pot identificar sense problemes. Els publicistes es deuen pensar que els lectors no es fixen en els llibres que decoren els prestatges dels anuncis. De la mateixa manera que els directors televisius es pensen que tampoc no ens fixem en els llibres que surten als decorats de les sèries. Recordo que, a *Nissaga de poder*, en un prestatge de la sala dels Montsolís hi havia dues col·leccions completes de la *Gran enciclopèdia catalana*. Una cosa poc versemblant, perquè la gent té una enciclopèdia o dues, o cinc, però mai la mateixa (amb tota la tirallonga de volums) repetida.

Deuen suposar que la gent no està al cas. Com els que a l'estiu van pel carrer amb samarretes amb frases en idiomes suposadament estrangers. Sobretot en anglès. N'hi ha moltes de grolleres, escatològiques o simplement estúpides, encara que vulguin semblar gracioses. He vist nois i noies de Barcelona passejant amb samarretes que duen escrit: «Danger—toxic gas in rear», «Drink till she's Irish», «Bitch», «Dick, another white meat», «Britney's Pears» o «Jane likes Dick». ¿Són conscients del que duen escrit? Em sembla que no. Quan algú va amb frases d'aquestes, per reivindicar el dret que té a dur-les planta cara amb actitud fatxenda a les mirades de sorpresa de la gent que les entén. I l'actitud d'aquests nois que dic és la de no tenir-ne ni idea. És esgarrifós que no sentin cap mena de curiositat per saber què duen escrit sobre els pectorals.

Potser s'han fixat en el fet que, quan una vorera s'estreny—a causa d'un quiosc, de l'aparador d'una botiga o d'una boca del metro—, la gent tendeix a aturar-s'hi. Per xerrar o per esperar algú, sense preocupar-se pel fet que sigui el lloc on destorba més els altres vianants. Deu ser l'atàvica necessitat humana d'apilonar-se, la mateixa que fa que, a les festes, de vegades la sala quedi pràcticament buida mentre els convidats (amb el plat i la copa a la mà) s'aglomeren a la cuina, o, si algú ha portat res, al lavabo.

L'afany d'aturar-se on les voreres s'estrenyen és tan sols una de les moltes molèsties que provoca la ignorància de l'etiqueta dels vianants. La gent es pensa que, com que no va motoritzada, pot caminar pel carrer com si no hi passés ningú més. De vegades trobes grups de quatre persones, amb tota la calma i l'un al costat de l'altre, que ocupen tota l'amplada de la vorera. D'altres caminen a un ritme àgil i, sense cap avís previ, s'aturen de cop, sense pensar que les persones que són darrere no poden preveure'n la frenada brusca, de manera que es produeix una col·lisió múltiple. Els dies que plou, molta gent circula sense que els preocupi si les barnilles del paraigua buiden ulls aliens. Sense oblidar els que caminen amb l'espatlla esquerra dreçada, disposats—com el cavaller amb la llança—a envestir qui se'ls posi al davant.

Durant anys, queixar-se'n era com picar ferro fred.

Per sistema, els vianants eren els bons de la pel·lícula. Ara que finalment la premsa dedica pàgines a explicar que es comporten amb una barra que en certs casos supera la dels motoristes i automobilistes, aniria bé fixar unes quantes normes. Jo proposaria les seixanta-sis que Joey Skaggs—un extraordinari artista conceptual americà—va fixar el 1984, tip del comportament desconsiderat i hostil dels vianants novaiorquesos. A imatge i semblança dels Àngels Guardians que anaven pel metro de Nova York comprovant que tothom es portés bé, Skaggs va fundar Walk Right!, un grup de vigilants que patrullaven pels carrers. Si enxampaven algú que se saltava alguna de les seixanta-sis normes, el convocaven a una reunió en una escola d'urbanitat per vianants. A pesar de la intenció irònica que guiava Skaggs, les normes que va establir són força assenyades. Divideix la vorera en diferents carrils imaginaris. Pel de més a prop dels aparadors es pot caminar lentament i fins i tot aturar-se. Però pels altres no, i només es pot avançar pel carril de l'esquerra. Cada vianant ha de decidir per quin carril va i, per tant, a quina velocitat. Per no ocupar tota l'amplada de la vorera, les persones grasses no poden anar de costat, sinó en fila índia. Els carros d'anar a comprar han de dur les rodes convenientment greixades. Les persones baixes no poden anar amb el paraigua obert llevat que—¿mitjançant un allargador?—el puguin mantenir a una altura mínima d'un metre i setanta-vuit centímetres.

Tips de la mala educació regnant, hi va haver novaiorquesos (inclosos *The New York Times*, *Newsweek*, la Cnn...) que es van creure que la iniciativa anava de debò i la van acollir com una benedicció. Fins més tard no es van adonar que es tractava d'un altre engany del gran Joey Skaggs, l'activitat artística del qual es basa a parar trampes als mitjans de comunicació. Avui, la situació de Barcelona és tan caòtica que una proposta similar seria acollida amb els mateixos braços oberts.

LLIBRERIES A INTERNET

Ja no se sent dir que a internet tothom lliga els gossos amb llonganisses. Des de fa mesos, cada dia tanca una empresa virtual, d'aquestes que amb el .com per barret s'havien de menjar el món. A Espanya, un del sectors que l'està passant més magra són les llibreries online. El negoci està molt lluny de l'Eldorado que es prometien. Fa uns quants dies, Marc Andreu explicava en *El Periódico*: «En el fragor d'aquesta batalla s'han inflat xifres d'inversions, clients i vendes. Bol, per citar un exemple, al cap d'un mes d'haver-se inaugurat va arribar a dir que venia quatre-cents llibres al dia. Un any més tard, Nick Davidson, del seu renovat equip directiu, admet que, tot i ser "líders del mercat espanyol", n'han venut menys de la meitat, "entre quaranta-cinc i cinquanta mil llibres en dotze mesos".»

Han punxat, vaja. Com sempre, atribuiran els mals resultats a la cantarella que diu que en aquest país la gent no llegeix, que no està acostumada a comprar a distància i que, a internet, la seguretat de les targetes de crèdit és escassa. Potser sí. Però hi ha més coses. Hi ha, sobretot, una gran ineficiència. Des de fa tres o quatre anys, compro un munt de llibres per internet. Sobretot a la llibreria online www.amazon.co.uk, però també a la seva mare americana, www.amazon.com. Cap queixa. Eficiència i un oceà de llibres que, entre altres coses, m'ha permès descobrir narradors impressionants, dels quals no tenia cap notícia perquè aquí no s'han publicat mai. Narradors de primera, americans i anglesos, que durant els setanta, els vuitanta i els noranta van publicar diverses edicions dels seus llibres, però que no es van traduir mai. ¿Per què? Perquè, per una raó o altra, no s'adeien ni s'adiuen amb la rutina del món editorial, que té poca cosa a veure amb la literatura.

També he comprat llibres a tres llibreries franceses (www.bol.fr, www.fnac.fr i www.librairieonline.com). Tampoc no hi he tingut cap problema. Però, ai, quan vaig intentar comprar llibres al Bol espanyol (www.es.bol.com). Eren tan ineptes i ineficients que, per exemple, introduïa el nom d'un escriptor del qual volia saber quins llibres tenien i la maleïda web em tornava sistemàticament a la pàgina d'entrada, sense dir-me si en tenien o no. Ho vaig intentar un munt de cops. Ho vaig acabar deixant córrer aquell dia. Ho vaig provar l'endemà. Igual. Al cap d'uns dies ho vaig tornar a intentar. El resultat va ser idèntic. Vaig repetir l'intent al cap d'unes quantes setmanes. Continuaven igual: escrivies el nom de l'escriptor i, per comptes de donar-te cap explicació o reconèixer que no en tenien res, et tornaven a la pàgina del començament. I així cada vegada. No hi vaig tornar.

Com que mal de molts, conhort de bojos, la cosa encara va pitjor a la llibreria italiana www.internetbookshop.it. Allà la cosa agafa aires d'estafa. Deu fer un parell d'anys em vaig interessar per la traducció italiana de *Tots eren fills meus*, d'Arthur Miller. La vaig trobar, editada per Einaudi. Em vaig posar a redactar la comanda. En vaig demanar un exemplar. A mitja redacció, una nota a la pantalla em va dir que hi havia un problema i que havia de tornar a començar la comanda. Ho vaig fer i aleshores, a la nota final, va aparèixer que n'havia demanat dos exemplars. Immediatament els vaig enviar un e-mail on explicava que jo només en volia un i que eren ells que m'havien fet repetir la comanda. No em van contestar. Mitja hora més tard els vaig enviar un segon e-mail. I un tercer, i un quart. Un munt d'e-mails, repetint sempre la raó de l'error: del *seu* error. Cap resposta. Al cap d'una setmana i mitja vaig rebre dos exemplars de *Tots eren fills meus*.

Espero que també en aquesta llibreria online els temps els siguin desfavorables. El fracàs dels ineptes demostra que al món no està tot perdut. Brindo per això.

EL DIARI DEL DIA ABANS

A quarts de deu del matí, al bar Avenida del carrer Cardenal Reig, el cambrer va amunt i avall, servint esmorzars. Porta un entrepà a una taula, un cafè a l'altra, dues cocacoles i un tros de truita a la de més enllà... Al voltant d'una taula—encara sense netejar, amb el diari de la casa i les tasses i els plats dels que hi havia hagut abans—, s'asseuen quatre homes amb granotes grises, de les butxaques de les quals sobresurten entrepans llargaruts embolicats amb paper de plata. Un arracona les tasses i els plats, clava un cop d'ull a la primera plana del diari i després l'aparta cap a un costat. Desemboliquen els entrepans i demanen cervesa, gasosa i vi. Comencen a menjar. Parlen de la feina i, quan la feina i els desacords amb l'empresa ja no donen més de si, de futbol. Els quatre tòpics de sempre.

Al cap d'una mica, un home amb jaqueta blava, que acaba d'entrar i ha demanat un croissant i un cafè amb llet a la barra, s'acosta a la taula i assenyala el diari.

—¿El puc agafar?

—És d'ahir—li diu el que abans ha clavat un cop d'ull a la primera plana.

—Ah, així res—diu el de la jaqueta, i sense agafar el diari es gira per tornar a la barra.

—No el deixi, home—li aconsella el de la taula—. Diuen que les coses velles tenen més tradició.

El de la jaqueta s'atura.

—No pas els diaris...

—Els diaris i els vins. ¿No ha sentit a dir mai que els bons vins i el bon pernil necessiten temps?

El de la jaqueta blava s'ha quedat parat, sorprès per la proposta: llegir el diari del dia anterior.

—Ara no em posaré a repassar les notícies d'ahir.

—¿Per què no? D'ahir a avui, no han canviat gaire les coses. Els mateixos polítics, els mateixos futbolistes, les mateixes cares, les mateixes vaques...

—Les vaques boges!—s'encarrega d'aclarir, rient i amb la boca plena, un dels companys de taula, per si de cas el de la jaqueta no ho havia entès.

—Les notícies són més o menys les mateixes—insisteix el que porta la veu cantant, qüestionant sense cap ombra de grandiloqüència el concepte d'actualitat i la set d'ultimíssimes notícies que vivim—. Va, home, llegeixi'l... Tant li fa...

Insisteix amb gràcia. Mig bar està pendent de la conversa. Ha convertit en un objectiu personal que el de la jaqueta agafi el diari d'ahir i se'l llegeixi. Si ho aconsegueix, ho considerarà una victòria i serà feliç. El de la jaqueta dubta. Somriu perquè l'interès de l'altre és inhabitual i simpàtic. El de la jaqueta està quiet al costat de la taula, immòbil des que s'ha aturat just quan estava a punt de posar-se en marxa per recuperar el seu lloc a la barra. Potser li sembla que, si no agafa el diari, l'altre s'ho pendrà com un menyspreu. Per no menysprear-lo, el podria agafar, anar a la barra i clavar-hi una ullada superficial, o deixar-lo simplement al costat de l'esmorzar. No li costaria gens. Així, l'altre l'observaria des de la taula amb un somriure satisfet. Però, potser perquè li sembla una rendició, després dels escassos dos segons que encara dubta, alça la mà com a salutació final i sense agafar el diari torna cap a la barra, on ja li han servit el croissant i el cafè amb llet. El de la taula aparta la mirada i reinicia la conversa amb els altres tres.

UNA INJECCIÓ D'AUTOESTIMA

Al catàleg de l'exposició «Josep Palau i Fabre, l'Alquimista», que aquests dies es pot veure al Centre d'Art Santa Mònica, es reprodueix una carta que el poeta, actor i autor teatral Antonin Artaud va dirigir a Palau el 13 de gener de 1947. La carta està escrita a Yvry-sur-Seine, on estava confinat en un sanatori mental, i hi explica que aprecia Catalunya perquè és «un poble que vol reivindicar el que és. Però m'han dit dels catalans una cosa que m'ha desagradat profundament i que he trobat en un dels gestos que vostè ha fet davant meu. I que em desagrada més que cap altra cosa al món».

Artaud explica el que li havien dit dels catalans: «M'han dit que, a més de les seves idees polítiques, els catalans s'han convertit en els paladins de la idea de sexualitat, i sóc enemic acèrrim d'aquesta idea. No hi ha res al món que em produeixi tant d'horror com el sexe, el fal·lus amb les seves dues esferes testiculars; no hi ha res que em sembli més abjectament porc, més ximplement marrà que el sexe. El mal no em fa por, i l'horror i la monstruositat no m'esgarrifen gens, però abomino tot el que en aquest terreny es presenta com a ximple i com a ridícul.» De seguida descobrim quin gest concret de Palau el va irritar: «I vostè, mirant les estrelles en l'aire, no ha dubtat a gratar-se el sexe davant meu, gratar-se'l com si alhora acariciés alguna cosa. No li demano que en el futur m'eviti gestos semblants perquè, senyor Palau, no el vull veure mai més. No vull perquè noto que, sota l'aparença de l'admiració, en el fons ja no m'aprecia, i que fins i tot té un fons d'odi per mi. Li he vist a la cara una expressió burleta que semblava voler dir: en el fons, et sobrepasso.»

El gest al qual es refereix Artaud és fàcil d'imaginar i practicat per bona part de la població, sobretot masculina (però també femenina) i no tan sols d'aquest país. La ira d'Artaud davant del gest és tan delirant que fins i tot permet que dubtem si de debò Palau es va gratar davant seu. Però és bonic imaginar-se'ls l'un al costat de l'altre, contemplant les estrelles, mentre Palau es col·loca més o menys discretament una mà sobre la zona genital i procedeix al gratament. A part d'aquesta imatge impagable, la cosa més fascinant de la carta és la revelació que als catalans se'ns considerava «des champions de l'idée de la sexualité».

No ens pot deixar de sorpendre aquesta fama més de mig segle després, en una època en què fins i tot el mateix conseller Vilajoana dubta del glamur de les nostres actrius i en què la Generalitat s'ha de gastar els calés per convèncer el món de la nostra simpatia. Per comptes de fer sortir José Coronado fent brometa sobre la pela, potser valdria més recuperar l'opinió que tenien abans de nosaltres. M'imagino els grans cartells: «La Catalogne: ses monuments, sa gastronomie, ses champions de la sexualité...» No està gens malament per presentar-nos davant del món. Déu n'hi do ser, sense més preàmbuls, paladins sexuals. Ara que, amb tota naturalitat, fins i tot el simple fet de parlar català en públic provoca xiulets—com diumenge passat al Palau Sant Jordi, durant la final de la Copa Davis—, no ens anirà gens malament una injecció d'autoestima, encara que sigui libidinosa. Més que res per agafar forces abans que (al pas que anem, aviat) tornem a sentir allò tan bonic de «perro catalán, no ladres».

DOS-CENTS QUILOS DE PROVIDÈNCIA

Just dimecres, quan *La Vanguardia* va publicar que havien trobat el testament d'Antoni Gaudí (pel qual se sap que no va morir a la misèria sinó milionari), un bloc de formigó de més de dos-cents quilos es va despendre d'un finestral de la Sagrada Família i va caure al taller de les obres. Per sort, el fet es va produir a la una de la matinada i no hi havia ni treballadors ni turistes de cap mena, ni tan sols japonesos.

No és casual que la notícia del Gaudí milionari—tres mil pessetes d'aquell temps: més de tretze milions actuals —i el despreniment de la pedra hagin coincidit en el mateix dia. Fa temps que, en un degoteig lent, els avisos se succeeixen, algun de manera lamentablement tràgica. El 1994, al museu Gaudí, una estàtua va caure sobre un nen i el va matar. El juny del 1996, un altre nen va resultar ferit de gravetat quan va caure, des de quatre metres d'altura, en un forat que separa o separava la Sagrada Família d'un espai laic situat al xamfrà dels carrers Provença i Sardenya. L'agost d'aquell mateix any, un vigilant del torn de nit va aparèixer inconscient i amb una xeringa clavada, un cas que cap responsable no ha explicat encara coherentment. El 1998, una altra pedra (també de dos-cents quilos) es va despendre de l'interior del temple, en presència de nombrosos turistes aterrits, i es va fer miques a terra.

I, ara, això de dimecres. Abans que ningú digués res,

els paladins de la Sagrada Família s'han afanyat a fer saber que, de tots aquests avisos, no s'ha de concloure que la voluntat divina sigui que no s'acabi el temple. «Excusatio non petita, accusatio manifesta.» Perquè, curiosament, els que diuen això són els mateixos que atribueixen «a la providència» la sort que la pedra es desprengués a una hora nocturna en què al temple només hi havia el vigilant i el senyor Subirachs. És graciós, aquest mètode d'atribuir a la providència uns fets i uns altres no. Atribueixen a la voluntat divina el que els interessa i en canvi la neguen en senyals tan evidents com el d'aquest cas. En què no s'ha d'ignorar que la pedra no va caure a qualsevol racó del temple sense cap significat especial—i això que té molts metres quadrats—, sinó, justament, sobre el taller de les obres. Salta als ulls que és un senyal explícit contra la continuïtat de l'actual aberració arquitectònica. Tampoc no deixaria fora d'aquest últim avís el festival de mercantilisme que Antoni Gaudí pateix últimament—sobretot aquest últim any—i que culmina en aquest procés de beatificació que continua endavant malgrat les veus que demanen una mica de seny. Fent-hi el sord, n'hi ha que, sense que ni tan sols l'hagin fet beat, ja el tracten com a un sant: li encenen ciris, li demanen favors, imprimeixen estampes amb la seva cara i li adjudiquen miracles.

Si es continuen negant a fer cas dels avisos, el temple concebut per expiar els «pecats revolucionaris» dels barcelonins pot acabar convertint-se en l'edifici maleït de la ciutat, l'equivalent del terrorífic edifici Dakota de Nova York. Els turoperadors ja es deuen fregar les mans.

EL TEMPS COM A PICONADORA

Recordo una infantesa en la qual els anys mítics no tan sols encara havien de venir sinó que eren lluny. El 1966 —que és quan vaig saber que existia una novel·la que es titulava *1984*—encara faltaven divuit anys pel 1984, i divuit anys, quan en tens catorze, són més d'una vida. Orwell havia escrit el llibre el 1948 i, per situar-lo en un món futur, simplement va invertir les dues últimes xifres. Del 1948 al 1984 hi van trenta-sis anys, i trenta-sis anys produeixen la impressió desitjada de llunyania abastable.

Però, en fi, va arribar el 1984 i, amb ell, totes les commemoracions previsibles. Titulars de diari que feien referència a Orwell, algun programa de la tele, la reposició de la pel·lícula dels anys cinquanta (amb Michael Redgrave) i l'estrena d'una altra amb John Hurt i Richard Burton. Però, indefectiblement, després del 1984 va venir el 1985 i aleshores *1984* va passar a ser un títol un pèl anodí. Pronosticava el futur amb una xifra que per nosaltres ja era el passat, i això li donava un aire fallit, perquè sabíem que el 1984 real no havia estat tal com l'havia predit Orwell.

Ara hem arribat al 2001. ¿Aquest és el món que pronosticaven Arthur C. Clarke i Stanley Kubrick als anys seixanta? Jo no veig cap Hal que prengui decisions pròpies i la cosa que s'assembla més a la consciència transcendent continuen sent els porros. Evidentment, a la tele fan *2001: una odissea de l'espai*, però d'aquí a dotze mesos serà el 2002 i 2001 ens semblarà una data antiga però no pas prou, com la d'aquestes botigues que, sota el nom, van pintar «Fundada el 1999» amb l'esperança que, si no tanquen abans, algun dia soni tan revellit com el «Fundada el 1886» que veiem en d'altres.

Després d'haver comprovat com va ser el 1984 i com és el 2001, ja no queden obres, si més no importants, amb anys futurs al títol. Hi ha, això sí, un llibre de relats amb una datació fictícia que ens agafa de ple. Es tracta de *Les cròniques marcianes* de Ray Bradbury, publicat el 1950. Els quatre primers contes estan datats en un suposat 1999 i els dos següents, el 2000. El setè passa el juny d'aquest 2001 al qual acabem d'entrar, i, l'agost i el desembre, el vuitè i el novè. Els catorze contes següents passen entre el 2002 i el 2005, i els tres últims el 2026. Pels primers relats constatem que el futur marcià que va somiar Bradbury no es veu per cap banda. Només ens queda el recurs de dipositar l'expectativa en els tres finals, perquè fins al 2026 encara falten vint-i-cinc anys. Però també van jugar amb el quart de segle de distància a la mítica *Jonas, qui aura vingt-cinq ans en l'an 2000*, i ja veieu com el nen en el qual van dipositar les esperances els progres d'aleshores (capitanejats per Alain Tanner, Myriam Mézières, Jean-Luc Bideau i Miou-Miou) ha fet els vint-i-cinc anys anunciats i, per celebrar-ho, per comptes d'un pastís li han regalat la continuació de la pel·lícula: *Jonas et Lila, à demain.*

Posar dates futures a relats o pel·lícules pot semblar molt enginyós en el moment de presentar-los al públic. Però, vist que el temps flueix sense aturar-se, sempre acaba arribant un dia que el títol enginyós es converteix en una cosa com ara la data de caducitat que consultem al supermercat abans de decidir si ens enduem o no el pot de cigrons.

VIRTUTS DE LA TAXIDÈRMIA

La revista *Nova Ciutat Vella*—editada per la facultat de Ciències de la Comunicació Blanquerna, de la Ramon Llull—publica al número del mes de gener un interessant reportatge d'Albert Martín Vidal sobre el restaurant Taxidermista. El restaurant és a la plaça Reial i ocupa el local on hi havia hagut—durant seixanta-cinc anys—la gran botiga de taxidèrmia de Barcelona, objecte de fascinació pels nens. Se la coneixia com a Museu Pedagògic de Ciències Naturals, títol que exhibia (i encara exhibeix) el gran rètol, al costat del nom i l'estat civil de la propietària: Viuda de L. Soler Pujol. A més d'explicar el com i el què del restaurant, el reportatge parla de l'època en què el negoci de la taxidèrmia anava sobre rodes. A la botiga de la plaça Reial hi van arribar a treballar cinquanta persones. A Europa només n'hi havia una altra de característiques similars, a París. Carmen Palaus, néta del fundador, explica que la cosa va començar a anar malament als anys setanta, amb l'eclosió de «la sensibilitat ecologista». El 1991 van vendre el local i van traslladar el negoci a la plaça de les Palmeres, a Sant Andreu, on venen, sobretot, minerals, insectes, cargols i ulls de vidre.

Les lamentacions per la decadència de la taxidèrmia a Catalunya es podrien transformar en cants d'alegria pel seu renaixement si entre nosaltres arrelés una pràctica nordamericana que consisteix a dissecar els animals de companyia; un cop morts, esclar. *The Independent* en parlava la setmana passada. Moltes persones que perden els seus gossos o gats—bé pel pas inexorable de la vida, bé per malaltia o sota les rodes d'un camió—eviten les solucions habituals (que consisteixen a enterrar-los o incinerar-los) i opten per dur-los al taxidermista. En aquests últims anys, els taxidermistes han anat incorporant noves tècniques. L'última consisteix a liofilitzar els animals i requereix una maquinària específica que ja ha rebut la benedicció de la Pet Lovers Association, l'Associació d'Amants dels Animals de Companyia. La liofilització redueix el laboriós procés d'altres èpoques i abarateix els preus. Liofilitzar un caniche pot costar uns sis-cents dòlars (108.000 pessetes), per comptes dels dos mil (360.000 pessetes) que hauria costat dissecar-lo segons el mètode tradicional. D'aquesta manera senzilla i acceptable per molts pressupostos, de vegades arribes a casa i al rebedor veus un gos—amb el pèl lluent, les dents esmolades i els ulls brillants, «com si fos viu»—que et mira sense bellugar la cua, ni treure la llengua, ni parpellejar. Completament immòbil. L'única cosa que els seus amos troben a faltar és que, quan tornen de la feina, el gos no salta a rebre'ls tal com feia quan era viu.

Hi haurà gent que lamentarà la fredor amb què et rep un gos liofilitzat. Però altra gent no. Estic convençut, per exemple, que l'hauria agraït la nena de dos anys que ahir va ser intervinguda a l'Hospital General de Castelló, després que un rottweiler l'ataqués i li arrenqués el cuir cabellut.

EL GLOBUS DE BARDEM

La setmana passada els mitjans de comunicació espanyols van jugar a un joc curiós: fer bullir, cada cop més de pressa, l'olla on es coïen les expectatives de Javier Bardem com a guanyador del Globus d'Or al millor actor dramàtic pel paper que fa a la pel·lícula *Before the night falls*. Hi va haver un moment culminant—els últims dies de la setmana—en què, pel que deien, semblava que ja estava fet i que Bardem s'enduria el Globus sense ni haver de baixar de l'autocar. Algunes emissores de ràdio i de tele presentaven la situació de tal manera que semblava que els altres candidats—Michael Douglas, Tom Hanks, Geoffrey Rush i Russell Crowe—fossin simples extres contractats per aplaudir enfervorits tan bon punt es llegís el nom del guanyador: «Javier Bardem!»

I després resulta que guanya Tom Hanks, pel seu paper a *Nàufrag*. A partir d'aquest moment, la veu de certs comentaristes es tenyeix de decepció. I el que de fet és un gran èxit per un actor—ser finalista dels Globus d'Or—es converteix, per obra i gràcia de la incontinència ditiràmbica de la setmana anterior, en gairebé un daltabaix. Havien inflat tant la bola que, quan finalment guanya Tom Hanks, els ditiràmbics fan cara de frustració. I sorgeixen els comentaris sorpresos: ¿com és possible que no hagi guanyat Bardem? De poc no diuen: ¿com és que ha fracassat? El to és lleugerament molest, com si el culpable fos el mateix Bardem. Dilluns al matí, una locutora de

Catalunya Ràdio intentava explicar-se els motius del que —per ella—era inexplicable. «Tot feia pensar que guanyaria...», raonava sense acabar-se de refer de la sorpresa.

¿Tot? ¿Què, concretament, feia pensar que guanyaria ell i no qualsevol dels altres? A parer meu, res d'objectiu. Només els desitjos, de la locutora i de tots els que la setmana abans els confonien amb la realitat. Era la primera vegada que un actor espanyol arribava als Globus d'Or. ¿Això era el «tot» que els feia pensar que guanyaria? ¿Per ventura cada cop que arriba a finalista dels Globus d'Or un actor d'una nacionalitat que abans no hi havia estat mai representada guanya automàticament? No crec que aquests premis—concedits per l'associació de corresponsals de premsa estrangers—funcionin així. Més aviat crec que el jurat deu valorar els mèrits interpretatius dels uns i els altres, i decidir quin és, a parer seu, el millor actor. Per tant (i si no es considera que Douglas, Hanks, Rush i Crowe són actorets de teatre parroquial), la cosa lògica era pensar que les possibilitats de tots cinc aspirants anaven repartides.

No és cap novetat. Sovint, els mitjans de comunicació inflen les possibilitats de victòria d'una persona o d'una obra durant dies, setmanes o mesos. I quan la realitat, més sòbria, apareix per la porta, com que no coincideix amb els seus somnis hiperbòlics els envaeix la decepció. Són com el fabulista que s'acaba creient les seves faules. Déu n'hi do, arribar a finalista d'un Globus d'Or! I, en canvi, a alguna gent, Bardem no els semblaria un perdedor si no hagués aconseguit ser candidat.

DE LA CULTURA A LA FILOSOFIA

«La cultura» del disseny, per exemple. Deu fer aproximadament deu anys que es va començar a utilitzar massivament aquest sentit de «la cultura», no pas entesa en les seves accepcions habituals—la de cultiu de les facultats humanes, o la de conjunt d'estils de vida i costums, coneixements, grau de desenvolupament artístic, científic o industrial, en una època o grup social—, sinó com alguna cosa més, com un plus inconcret i pretensiós. Es parlava, així, de «la cultura del disseny», sense que se sabés gaire bé què volien dir—quan parlaven de «cultura del disseny»—que no diguessin quan parlaven, simplement, d'«el disseny». Sense cap mena de problema, haurien pogut parlar d'«el disseny»—de la seva complexitat, de la seva història, de les seves implicacions, de les seves factures—sense posar-hi abans això de «la cultura de». Però, precedit per «la cultura de», els semblava que sonava més bé, que quedava més interessant.

De la mateixa manera, es parlava de «la cultura de l'oci», de «la cultura del benestar» o de «la cultura del carpaccio». Això del menjar es prestava i es presta molt a aquesta mena de recobriments de façana. Igual que hi havia «la cultura del carpaccio», hi havia «la cultura del cuscús», «la cultura de la creativitat» (gastronòmica, s'entén) o «la cultura del risc» (també gastronòmic, per desgràcia). En proporció inversa a la minva de cultura que reben els estudiants en els nous plans educatius, creixia en els mitjans de comunicació una sobredosi de «la cultura» com a falca interessada. Tal com era previsible, al cap de poc temps es va convertir en un clixé.

Encara hi ha gent que l'utilitza, però, tal com passa sovint amb els clixés, li han arribat les hores baixes. Es va fer servir tant que ara canta, com el peix en mal estat. I de la mateixa manera que al lloc de la guineu, qui se n'alça ja no hi seu, per comptes d'això de «la cultura», últimament ha aparegut això de «la filosofia». En va ser un gran propulsor entre les masses l'ínclit Louis van Gaal, d'infausta memòria. Entre els seus «¡tú no egges positifo!» i els seus «¡tú no tienes ggritmo!» parlava de «mi filosoffía» i de «la filosoffía del equipo». De Van Gaal ho va apendre Josep-Lluís Núñez, president del Fc Barcelona en aquell moment, que ho devia considerar un recurs elegant i anava pel món repetint tothora: «La nostra filosofia com a club...»

Ara ja se sent pertot arreu. A la ràdio, en un sol matí, ho he sentit tres vegades. La primera, en una entrevista a un fabricant de joguines educatives que parlava de «la nostra filosofia com a empresa...» A la mateixa emissora, al cap d'una estona, en un publireportatge d'un centre per aprimar-se: liposuccions i coses d'aquestes. Amb una veu llaurada per les polleganes del màrqueting, la directora explicava com et treuen els quilos i de cop va dir: «Perquè, esclar, la nostra filosofia dels tractaments de bellesa...» Una hora més tard, un cuiner de moda despullava la seva ànima professional: «Puc confessar que la meva filosofia com a cuiner es basa en el rigor en la improvisació...»

Que els entrenadors entrenin tan bé com sàpiguen, que els cuiners cuinin plats gustosos i que els que es dediquen a les cures per aprimar-se triomfin en els seus objectius. Però que deixin la filosofia tranquil·la i en mans dels filòsofs. Tot aquest abús de la paraula en va em recorda un dels acudits recurrents dels pallassos de quan jo era petit, el de la filosofia. Surten a la pista el pallasso que es pren per llest i el pallasso ximple, amb els sabatots, el barret i el somriure de pallús. Entre picades d'ullet de complicitat al públic infantil, el llest diu al ximple:

—Escolta, ¿tu saps què és la filosofia?

—Esclar que ho sé—diu el ximple. I, alçant primer el dit gros i després l'índex, afegeix: —la Filo i la Sofia.

Doncs això mateix.

PRECAUCIÓ: OBRES

La secció de cartes dels lectors d'*El Periódico* publicava, dijous de la setmana passada, una missiva de Manuel Sirvent Borrell, que entre altres coses deia: «A Barcelona estan canviant semàfors, però continuen representant la figura de l'home, oblidant que existeix la dona. I encara més en aquests moments de renovació de formes, de saber viure a l'uníson i dins dels canvis més importants de valors d'una societat que cada dia s'ha d'oblidar de les rivalitats de sexe...»

La carta—per això és interessant—dóna per fet que el pictograma que apareix als semàfors per indicar si el vianant pot o no travessar el carrer representa un home i no una dona. ¿A partir de què ho dedueix? Suposo que deu haver fet un paral·lelisme amb els pictogrames dels lavabos, que en general indiquen el lavabo masculí amb una silueta esquemàtica (cap, tronc, dos braços i dues cames), mentre que al lavabo femení hi afegeixen una faldilla. Els pictogrames dels lavabos sempre han estat qüestionats, des de l'època que hi posaven una pipa i un pintallavis, o un barret de copa i una ombrel·la com a signes de diferenciació. Aquest qüestionament va arribar a tal punt que, fa vint anys, en un restaurant de Girona anomenat Cipresàlia, van resoldre el dilema de manera dràstica: a la porta del lavabo de senyors van posar-hi la foto d'uns genitals masculins, i la d'uns de femenins a la porta del de senyores.

Llevat d'aquestes dues imatges inapel·lables, les altres sempre són aproximades. ¿Que potser no hi ha homes amb ombrel·la o dones que fumen en pipa? Tampoc els pictogrames no se cenyeixen a la realitat. El pretesament masculí representa un cos amb les extremitats estilitzades. L'altre és igual, però amb faldilla. Aleshores, si—com proposa el lector—hem de ser veritablement estrictes, ¿quin dels dos pictogrames representa les dones amb pantalons? ¿A quin lavabo han d'entrar? ¿I Jean-Paul Gaultier, que sovint va amb faldilla, rere quina porta ha de descarregar la bufeta? Per no parlar dels escocesos, quan van de gala. Qualsevol pictograma és una convenció. En el cas del semàfor, és la reducció al mínim comú denominador dels trets essencials del cos humà, sigui masculí o femení, blanc o negre, nen o vell, gras o prim, alt o baix, calb o amb cabellera: cap, tronc, dos braços i dues cames. Tota la resta és accessòria. Si posessin faldilla al pictograma, per ser conseqüents fins i tot les dones que van amb pantalons es quedarien tot el dia a la vorera del davant, sense poder travessar mai.

En un món on la meitat de les dones van amb pantalons, pretendre que el ninot del semàfor només representa els mascles de l'espècie és digne d'un primer premi en Correcció Política en una d'aquestes universitats que prohibeixen la lectura de llibres de Twain, Salinger o Shakespeare pel gran pecat de tenir protagonistes homes i de raça blanca. Suposo que el pas següent serà reivindicar que, en el senyal de trànsit que posen quan hi ha obres al carrer, al tipus que cava una rasa li pintin un parell de mamelles, encara que siguin de silicona.

L'EQUATORIÀ I LES PERSONES

Dilluns al matí escoltava l'informatiu d'una emissora de ràdio. Parlaven del que va passar dissabte a la nit a la plaça Catalunya, a la terrassa del Zurich, i el locutor explicava que «un equatorià havia estat agredit per unes persones». Em va sorpendre la frase i vaig parar l'orella. Va explicar el desenvolupament dels fets i dues o tres vegades més va fer referència a la víctima dient «un equatorià» o «l'equatorià» i als agressors dient «un grup de persones» o «el grup de persones».

Em va xocar aquesta manera d'anomenar els protagonistes perquè, dit així, semblava que el locutor considerés que els equatorians no són persones. Em vaig imaginar que havia estat una agressió xenòfoba: uns indígenes—skin heads o no, en tot cas barcelonins—havien agredit un equatorià. Era la cosa més plausible: un dissabte a la nit, amb unes quantes cerveses de més, un grup de racistes havia repartit bastonades a un immigrant. No hauria estat el primer cop.

Després vaig llegir els diaris i hi vaig tornar a trobar la notícia. Però la informació era diferent. No pas pel que fa a l'equatorià, que ho continuava sent i a més tenia nom (Jorge René R. G.) i edat (trenta-quatre anys). La sorpresa va ser que el «grup de persones» havia deixat de ser apàtrida: segons la informació escrita estava format bàsicament per marroquins, als quals s'havien afegit dos armenis. Tot d'un plegat la imatge d'un grup d'indígenes racistes s'esfumava i la notícia s'emmarcava en una de les baralles habituals entre bandes de nacionalitats diferents que es produeixen amb freqüència a la plaça Catalunya, especialment els caps de setmana.

Aleshores, ¿per què el locutor de ràdio m'havia escatimat abans una part de la informació? ¿Per què m'havia informat de la nacionalitat de la víctima però no de la dels agressors? Per una correcció política mal aplicada. No és bo—diuen—que la gent acabi relacionant els immigrants de determinats països amb activitats delictives, i per això sovint s'evita dir-ne la nacionalitat. És una opció. Però aleshores—en aquesta notícia, per exemple—es produeix un greuge comparatiu. ¿Per què especifiquen la nacionalitat de l'agredit? Si ometen la dels agressors, que també ometin la de la víctima i informin que dissabte a la nit «una persona va ser agredida per un grup de persones». Queda una mica estrany, però si el que es busca és l'asèpsia el resultat és immillorable. Perquè informar que l'agredit era equatorià i ometre que els agressors eren marroquins i armenis provoca conclusions equivocades.

Encara que, ben pensat, no sé si aquesta asèpsia és una bona opció. ¿Per què no hem de saber els detalls del que passa? ¿Que no és interessant saber que els immigrants que viuen a Barcelona no formen un grup homogeni i que entre ells sovint hi ha friccions? Vivim en una societat que canvia i tant ens interessa el que aquesta evolució té de bo com de dolent. No beneficia a ningú encobrir la marginalitat en què viuen molts immigrants després d'arribar a aquest pretès Eldorado. Saber com està realment la situació és el primer pas per millorar-la. Sempre, esclar, que el que es vulgui sigui millorar-la i no emmascarar-la rere un maquillatge paternalista.

DISTINCIONS HONORÍFIQUES

Michael Gambon és un actor britànic, famós per les seves interpretacions teatrals i cinematogràfiques. Entre aquestes últimes cal recordar el paper d'Albert a *El cocinero, el ladrón, su mujer y su amante*, el d'Oscar Wilde a *Oscar*, el de Dostoievski a *El jugador*, el de Baltus van Tassel a *Sleepy Hollow* o el de Philip E. Marlow en aquella meravella que va ser *El detectiu cantant*. Actualment, Gambon representa, en un teatre del West End de Londres, *The caretaker*, de Harold Pinter.

Michael Gambon és una d'aquestes presències que totes soles ja omplen una pantalla o un escenari. Per això, fa unes quantes setmanes els organitzadors del premi al Millor Actor de l'Any, que es concedeix a la Gran Bretanya, s'hi van posar en contacte per comunicar-li que aquest any l'havia guanyat ell. Gambon va estar encantat, va donar les gràcies i va preguntar quan s'havia de celebrar la cerimònia. Li van dir que tal dia, a tal hora. Gambon va dir que li sabia greu perquè aquell dia tenia rodatge—de la seva nova pel·lícula, *Charlotte Gray*—i funció de teatre a la nit. Els del premi li van dir que mirés si s'ho podia arreglar. Gambon els va dir que era impossible, que tant el rodatge com la funció de teatre eren inamovibles i que no hi podria anar. Són situacions que es produeixen sovint i no passa res.

Però, aquest cop, els organitzadors li van dir que, si no hi podia anar, donarien el premi a un altre actor.

Gambon es va quedar de pedra. ¿Li retiraven el premi perquè no podia ser present a la cerimònia? Els organitzadors li van dir que un premi sense que els guanyadors hi siguin presents no resulta televisiu. Gambon no ho entén; i és lògic que no ho entengui. ¿Consideren que és el Millor Actor de l'Any, o no? Però no hi ha volta de full: el premi se l'emporta algú altre perquè, segons sembla, el que compta, més que no pas mereixe'l, és estar disposat a anarlo a recollir. La notícia demostra fins a quin punt certs premis honorífics són cada dia més artificials, fins a quin punt els pactes previs decideixen qui s'emporta el premi o no, independentment dels mèrits. El món anglosaxó al·lucina. Fins ara no s'havia retirat mai cap premi a ningú pel fet de no assistir a la cerimònia de concessió. A Woody Allen o a Marlon Brando els donen un Oscar, no el van a recollir i no passa res.

Per britànics i americans potser és una cosa inaudita. Si fossin catalans no estarien tan sorpresos. Aquí estem acostumats a tripijocs similars. La Creu de Sant Jordi, per exemple, només la concedeixen a gent que es mostra disposada a acceptar el joc. Quan troben que algú ha fet mèrits per aconseguir-la, per comptes de donar-l'hi i prou, s'hi posen en contacte per preguntar-li si l'accepta. En cas que digui que no, tots aquells mèrits deixen de tenir importància i es queda sense creu i sense la possibilitat de rebutjar-la públicament. És per això que Pere Quart, Raimon o Serrat—entre d'altres—no la tenen. La diferència és que, així com a la Gran Bretanya el cas de Gambon genera titulars de diari, entre nosaltres el cas de les creus de Sant Jordi (i similars) es produeix periòdicament i, sense merèixer ni una trista gasetilla, s'esvaneix entre badalls.

TAL DIA COM AVUI

El 23 de febrer s'ha anat instal·lant com a data de referència, d'aquestes que permeten preguntar què feies aquell dia. N'hi ha poques que arribin en aquest estadi superior i cap no ho fa l'any següent d'haver-se produït el fet. El 1982 o el 1983, ningú no preguntava què feies el 23F del 1981 quan vas saber que Tejero havia ocupat el Congrés. Únicament el pas dels anys confereix aquesta pàtina especial, que creix durant anys i perdura mentre les generacions que van viure el fet continuen vives. Tan bon punt desapareixen, dels fets ja no se'n recorda ningú, i la data, per important que hagués semblat durant dècades, passa a l'oblit.

Les dates que mereixen un «¿tu què feies el...?» són poques i sorgeixen a partir de la popularització de la ràdio i la televisió, que permeten que el món sencer s'assabenti el mateix dia d'un fet determinat. El suïcidi de Marilyn Monroe, l'assassinat de Kennedy, la mort de Franco... De les morts de personatges o dels intents colpistes del XIX, la majoria de gent no en sabia res i els que se n'assabentaven ho feien amb setmanes de retard. Sense la immediatesa, la ment no fixava què feies mentre succeïa el gran fet.

Avui fa vint anys del cop de Tejero. Per això, des de fa dies, ens bombardegen amb reportatges especials a la premsa, la ràdio i la televisió. Tant li fa que, un 23 de febrer, hagués nascut Händel o morís Gutenberg, tant li fa que Mussolini hagués fundat el Partit Feixista, que Stefan Zweig i la seva dona s'haguessin suïcidat a Petrópolis o que haguessin amputat la cama dreta de Sarah Bernhardt. Per nosaltres, durant dècades—les dues que fa que l'arrosseguem i unes quantes que encara vindran—, el 23 de febrer està monopolitzat per la presència aclaparadora del «¡Que se sienten, coño!». Per això avui, als bars, a l'oficina o a l'hora de sopar, molta gent explicarà on els va enxampar la notícia i com van passar la nit mirant la pel·lícula de Bob Hope que van fer a Televisió Espanyola.

A mi em va agafar a dalt d'una escala. Ja feia més d'un any que vivia en un pis del carrer Rosselló. Quan hi vaig anar a viure, vaig pintar les habitacions, el menjador, la cuina i el bany, però, una setmana rere l'altra, anava ajornant el passadís. Fins que el 20 o el 21 d'aquell mes de febrer vaig decidir que el pintaria el dia 23. Vaig preparar les galledes, la pintura, el corró. Feia un parell d'hores que era a dalt de l'escala i ja havia pintat mig passadís quan va sonar el telèfon. Era el meu sogre. Em va preguntar si havia sentit el que deia la ràdio. Li vaig dir que no. Em va explicar què passava i em va oferir la possibilitat d'amagar-me en un pis que tenia a Berga.

Amb el corró regalimant pintura en una mà i el telèfon a l'altra, no sabia què fer. ¿Continuar pintant el passadís i després, l'endemà, agafar el passaport i exiliar-me? ¿O deixar-lo a mig pintar i tocar el dos immediatament? Collons, els colpistes! No se'ls havia ocorregut cap dia millor que el mateix dia que jo em posava a pintar el passadís després de mesos d'ajornar-ho. Potser perquè no m'agrada deixar les coses a mig fer, vaig decidir continuar i li vaig dir que quan acabés ja miraria què feia.

Vaig acabar cap al vespre, em vaig dutxar i em vaig passar la nit mirant la tele i escoltant la ràdio, per veure què passava.

Sé que és indemostrable, però, quan l'endemà es va veure que el cop havia fracassat, interiorment vaig pensar que la decisió d'acabar de pintar el passadís, de no donar-ho tot per perdut i sortir corrent, de continuar al peu del canó amb el corró a la mà, hi havia contribuït, almenys tant com altres que des d'aleshores no paren de penjar-se la medalla.

EL DE VILANOVA

Que Sergi López és un actoràs ho veu tothom que té ulls a la cara, però ja podeu estar segurs que, a pesar de l'evidència, molts conciutadans nostres no se n'haurien adonat si no fos per la seva consagració francesa. La seva foto amb un somriure d'orella a orella, mentre aguanta el César al millor actor i les actrius Dominique Blanc i Sylvie Testud li fan un petó, va merèixer les primeres planes dels diaris. Però, si el fet de ser a París fa onze anys i assabentar-se d'un càsting no l'hagués dut a fer el primer paper en una pel·lícula francesa—després de la qual n'hi va venir una altra, i una altra, i, després d'aquesta, una altra—, avui potser Sergi López seria un més dels molts actors catalans que sobreviuen entre les ruïnes fumejants d'una indústria ja inexistent. Gràcies al càsting parisenc i al seu triomf a França, Sergi López és, pels glossadors locals, «el nostre gran actor», «l'actor català que triomfa a França» o «el gran actor de Vilanova i la Geltrú». Però...

Sempre hi ha un però. El diari *Le Parisien* publica unes declaracions de Sergi López on parla del tracte que rep al sud dels Pirineus. «A Espanya no he obtingut mai cap premi, a part d'algun trofeu de futbol.» Aquesta ironia no és gens gratuïta. Molts dels nostres conciutadans pensen que sí, que és un bon actor, però... ¿tant, tant com diuen els francesos? N'hi ha que no s'ho acaben de creure. L'endemà que la foto del somriure amb el César a la mà sortís a tots els diaris, vaig sentir un senyor, a la barra del Boadas, que preguntava a un altre:

—¿Vols dir que és tan bo?

—Esclar que sí. Vaja, suposo—va dir l'altre.

No és que no s'alegressin del seu triomf. Se n'alegraven. Però amb una certa incredulitat. És l'habitual desconfiança per l'èxit de tot el que no ve de l'altra banda de les fronteres. La ciutadania està tan poc acostumada a reconèixer els nostres grans que es malfia quan, a més de bon actor, un català resulta tan glamurós que Dominique Blanc i Sylvie Testud se'n disputen les galtes.

És alliçonador comparar el cas de Sergi López amb el de Javier Bardem. Fa poques setmanes, quan era simplement candidat al Globus d'Or, els mitjans espanyols ja el lloaven com a guanyador segur, tant que, quan no li van donar el premi, van quedar frustrats. I, des que és candidat a l'Oscar, és com si ja el dugués a la butxaca. Amb Sergi López, això no passa. Aquí, en aquesta Catalunya que molts acusen de mirar-se el melic, el melic que fascina és el foraster, no fos cas que ens titllessin de provincians.

Una cosa semblant em va venir al cap quan vaig llegir el que Jofre Bardagí va dir diumenge a l'enterrament de son pare, Josep Maria Bardagí: «Avui has aconseguit quatre planes als diaris, cosa que no aconseguies quan feies un disc. És una llàstima, una injustícia.» Una injustícia inherent al país. Un país on el complex d'inferioritat—i l'obsessió conseqüent per simular el súmmum de l'obertura de mires—porta a contemplar amb suspicàcia l'èxit de qualsevol indígena. Si Sergi López hagués nascut a Milwaukee o a Las Palmas, els dos senyors del Boadas estarien convençuts dels seus mèrits. Però, ¿a Vilanova?

QUAN FOU MORT EL COMBREGAREN

Marta Ferrusola i Heribert Barrera s'equivoquen en una cosa quan diuen que, si no ho arregla ningú, la nova onada d'immigrants africans, asiàtics i llatinoamericans farà que Catalunya desaparegui. S'equivoquen en el temps verbal. El futur és innecessari. La Catalunya de la qual parlen—tal com s'ha entès des que durant el XIX va donar peu a un somni que ha demostrat ser impossible—ja ha desaparegut, de facto. Aquesta Catalunya—que somiava convertir-se en un ens propi i diferenciat, i que va mantenir el miratge durant els dos o tres lustres que van seguir la mort de Franco—ha estat substituïda per una altra: la Catalunya d'avui, que només aspira al cafè per tothom; peatges i bucles a l'aeroport, a part. Una Catalunya d'avui que tampoc no serà la de demà.

¿Qui és el responsable que el país actual i futur no sigui el d'abans? Se n'hauria de parlar molt, però, en tot cas, no es pot carregar el mort als nous immigrants. La nova onada immigratòria—que tot just comença—tan sols farà la palada final. Arriben a una Catalunya on les característiques nacionals s'han anat difuminant fins a la invisibilitat, on la llengua catalana—element de cohesió durant segles—ja és una presència espectral, prescindible, que a la part més densament poblada del territori amb prou feines se sent, una «peculiaritat» que no és necessària per res, que «no fa falta», com va dir Cruyff quan li van preguntar per què no aprenia a parlar català. Els nous immigrants hi tiraran l'última palada, d'acord, però les anteriors les han tirat les onades immigratòries precedents i, sobretot—més que ningú—, els catalans de soca i arrel, que han anat reduint la idiosincràsia nacional a un simple folklore de pa amb tomàquet i el Barça és més que un club.

¿Exigiran als nous immigrants la bandera de catalanitat que no van exigir a les onades immigratòries precedents, ni exigeixen als mateixos catalans de tota la vida? ¿Per quins set sous? Tot aplicant la norma que diu «si canten, canta; si ballen, balla», els immigrants que ara vénen a Catalunya fan el que veuen fer. Occitanitzat el país, ¿en quina Catalunya s'han d'integrar? Evidentment, en la Catalunya castellana, que és la majoritària i preponderant. ¿Que a molta gent li fa pena que, amb això, s'acceleri la jivarització del català? Esclar que sí. És una gran pena que una cultura desaparegui. Però encara en fa molta més veure com els estruços insisteixen a no voler veure com estan realment les coses, a continuar amb la fal·làcia, amb aquest holograma de nació. No és la primera vegada que es mor una cultura, ni serà l'última. Si els importava tant, que hi haguessin buscat remei. ¿Per què als que avisaven de la gravetat de la situació els titllaven de malastrucs i els replicaven que tot anava com una seda? ¿Ara, tot d'un plegat, ja no va com una seda?

Si no heu sabut o no heu pogut solucionar aquest assumpte és cosa vostra, polítics. Però no carregueu a l'esquena dels nous immigrants la responsabilitat de la desaparició d'una Catalunya que—tal com l'hem entès durant més d'un segle—s'ha esfumat irreversiblement abans que ells hi arribin. ¿Qui n'ha tingut la culpa? A aquestes altures, tant li fa. Entre todos la mataron y ella sola se murió.

EL PARADÍS BLAUGRANA

La vida de l'autèntic seguidor barcelonista no és fàcil, especialment si és, per exemple, de Tarragona. Té unes sabatilles amb els colors del Barça, té corbates amb ratlles blaves i granes, i du l'escut als botons de puny i a la insígnia de la solapa. Té una gorra amb la paraula «Barça», gran, tot i que no tant com la que exhibeix a la bufanda que es posa quan va al Camp Nou. Només beu el xampany etiquetat amb els colors del club. Té el cotxe adornat amb adhesius de L'Avi i de l'escut barcelonista, que es repeteix al rebedor de casa seva, en una rajoleta on es llegeix: «Aquí hi viu un del Barça». El seu telèfon mòbil és de ratlles blaves i granes, igual que els calçotets, el despertador, el rellotge i la bossa de patates del vermut dels diumenges. Fins i tot duria els colors del Barça als condons (i l'escut a la punta) si en fes servir.

Però, aquests dies, el seguidor barcelonista tarragoní viu neguitejat. Els diaris publiquen un anunci a tota pàgina amb el titular: «Benzineres Barça». D'entrada, el plural l'il·lusiona. Finalment, gasolina blaugrana! Però així que acaba de llegir el text de l'anunci—«Ara, els socis del Barça i els clients del grup Bon Preu ompliran el cotxe amb energia culé [*sic*] a preus especials»—s'adona que, de fet, el titular és mentida, que de «benzineres Barça» només n'hi ha una i és a Torroella de Montgrí, a la carretera de l'Estartit.

Immediatament, el seguidor es fica al cotxe. Agafa

l'A7, condueix durant més de dues hores. Quan surt de l'autopista, té el dipòsit pràcticament buit. De fet, condueix amb la reserva. Podria omplir-lo a qualsevol de les gasolineres que veu, però des que sap que hi ha benzineres Barça no pensa parar a cap que no ho sigui. Arriba a Torroella, segueix en direcció a l'Estartit i finalment la veu: majestuosa, amb els colors del club onejant al vent tramuntanal. Se situa entre els assortidors, omple el dipòsit de gasolina blaugrana, deixa caure una llàgrima en record del seu pare (barcelonista com ell, que va morir sense arribar a imaginar tanta felicitat) i immediatament torna a l'autopista i agafa la direcció de Tarragona. El cotxe del nostre seguidor no és res especial i disposa d'un dipòsit discret, que no té res a veure amb el d'aquells Audi A4 de l'anunci de fa anys, amb tanta capacitat que el seu amo oblidava on era. De manera que, quan arriba a Tarragona, després d'haver recorregut gairebé dos-cents cinquanta quilòmetres, ja té el dipòsit mig buit.

Aparca davant de casa seva i medita. Amb el dipòsit mig buit, per poc que faci servir el cotxe se li acabarà la gasolina i si no en torna a posar abans no podrà tornar a la benzinera Barça. Per això l'engega i agafa de nou l'A7. Aprofita el mig dipòsit per regressar a Torroella i omplir-lo una altra vegada. Sap que és un esforç inútil, perquè quan torna a ser a Tarragona comprova que el dipòsit està un altre cop mig buit i, per tant, si no aprofita aquest mig dipòsit per tornar a la benzinera Barça, haurà d'agafar-ne en una que no ho sigui (i això, des que ha descobert que n'hi ha, no ho pensa fer mai). De manera que torna a Torroella, omple el dipòsit, regressa a Tarragona, torna a Torroella, omple el dipòsit i, sense perdre ni un minut, regressa a Tarragona... ¿Hauria de canviar de cotxe i comprar-ne un amb un dipòsit més gran? ¿Hauria de deixar Tarragona i buscar feina a prop de Torroella? I així—dia rere dia—, l'autèntic seguidor barcelonista tarragoní va amunt i avall per l'A7, pregant al cel blaugrana que inaugurin aviat una benzinera Barça més cap al sud. Encara que sigui a Reus.

EL SECRET DE L'ETERNA JOVENTUT

Dilluns passat, dia 26 de març, molts diaris van publicar, a la secció d'aniversaris—aquest raconet on surten els noms de les persones més o menys conegudes i els anys que fan—, la foto de Pere Pubill, Peret, i a continuació els anys: 66.

No estaria gens malament si no fos perquè, de fet, Peret no va fer anys el 26 de març. Els va fer dos dies abans, el 24. M'ho va explicar un dia del 1991. Els seus pares el van tenir, però, com era habitual entre els gitanos, no van registrar el naixement fins que no s'hi van veure obligats. Quan finalment ho van fer, el funcionari es va equivocar i va apuntar com a dia del naixement el 26. Poc amics de la paperassa, els senyors Pubill van preferir carregar amb l'error i no pas, per esmenar-lo, començar un seguit de cues davant les finestretes de la burocràcia. Per això, en tots els papers oficials, encara ara consta que Peret va néixer el 26.

Però una cosa són els papers oficials (i romanços similars) i una altra és la premsa. És comprensible que, enganyats per l'equivocació administrativa, si ningú no els informa del contrari, als arxius dels diaris consti que Peret va néixer el 26 de març. Però seria bonic que l'any que ve, en honor a la veritat i sense cap obligació d'obeir el que diu el carnet d'identitat, la premsa obsequiés Peret amb el regal de situar el seu aniversari el dia que realment va néixer.

¿Quin interès tinc en aquest assumpte? Absolutament egoista. Jo també vaig néixer un 24 de març i—tot i que gaudeixo de la companyia de Dario Fo, Sílvia Munt, Kelly LeBrock i Nick Lowe—m'agradaria molt que m'acompanyés Peret. Suposo que a ell, després de tants anys amb l'aniversari canviat, tant li fa. Però, des que m'ho va explicar, a mi em sap greu, cada 26 de març, quan veig que diuen que fa anys i sé que no és veritat.

Aquesta, per cert, és una de les pegues de sortir a les seccions d'aniversaris. Que no hi ha cap any que no t'ho recordin. Cada dotze mesos veus que t'has fet un any més gran. La solució seria fugir d'aquest apartat, no sortir-hi. Però no és gens fàcil. Només sé d'un cas de persona coneguda que voluntàriament no surt a la secció d'aniversaris. És un home que—mirin com són les coses—també va néixer un 24 de març. És un gran periodista, de la ràdio i la televisió, i en aquest mitjà ha fet alguns dels programes més cèlebres d'aquestes dues últimes dècades, que molts ciutadans troben a faltar des que va decidir no presentar-ne ni dirigir-ne cap més.

No en diré el nom. Li direm «senyor X». Doncs bé, el senyor X ha aconseguit que en la secció d'aniversaris no surti mai el seu nom ni els anys que fa. ¿Com s'ho ha fet? ¿Entrant de nit a les redaccions de tots els diaris, l'un rere l'altre, i modificant els arxius d'aniversaris? ¿Simplement demanant-ho? No ho sé. El cas és que no hi surt mai. Cap 24 de març no hi és, al raconet, per afegir un any més a la xifra creixent. Del senyor X no en sabem mai l'edat. És fascinant.

Passen els anys, els lustres i les dècades, i mentre tots sumem cada any una unitat al còmput inexorable, ell es manté impàvid, somrient i amb el micròfon radiofònic a la mà, sense que puguem comprovar que es fa gran. Deu ser aquest el secret de l'eterna joventut.

A IMATGE I SEMBLANÇA

Gràcies a unes escultures, unes ceràmiques i unes monedes, dilluns al matí, quan ens vam despertar, sabíem que Cleopatra ja no tenia el cos ni la cara que ens imaginàvem fins ara. El Museu Britànic ha dictaminat que la reina egípcia va ser baixa, grassa i lletja, i això de lletja inclou el nas de ganxo i les dents ennegrides. Això sí: era molt intel·ligent, diuen, tot i que el motiu per determinar-ne la intel·ligència sigui únicament el fet que parlava idiomes. Grec, llatí, hebreu, arameu i egipci. No està gens malament, però, que jo sàpiga, el domini d'idiomes no va necessàriament lligat amb la intel·ligència. Hi ha poliglots la mar de burros i monolingües força savis.

I aleshores—mentre encara intentàvem fer-nos a la idea de la nova Cleopatra lletja, i la premsa, la ràdio i la televisió debatien com si fossin al ring si és just o injust que ja no tingui el cos de Liz Taylor o Sofia Loren banyant-se en llet de burra—van i ens anuncien la veritable cara de Crist; o sigui, Jesús.

Curiosament, els que diuen com era la cara de Jesús també són britànics. Ni més ni menys que la Bbc, que ha fet servir «les últimes tecnologies» per oferir al món una imatge de Jesús propera a l'autèntica, fins al punt que afirmen que entre la cara computeritzada que presenten i la del Jesús real «hi deu haver una gran semblança». La nova imatge sorprèn perquè difereix molt de les imatges de Jesús representades fins ara en pintures i gravats, on apareix més aviat prim, guapot i, de vegades, afaitat. El Jesús que els computeritzadors ens presenten és baix—com Cleopatra—, amb la pell de color d'oliva i el nas gran i ample. Du barba i bigoti, i té els cabells arrissats i curts, res de cabellera. Suposo que aquests dies el deuen haver vist als diaris o a la tele. Estaran d'acord que és la imatge clavada del machorro extremeño al qual es referia aquella.

Que lluny queden els temps en què—a les pel·lícules de romans com *Ben-Hur*, per exemple—la cara de Jesús no es veia mai. Per un respecte reverencial, perquè se suposava que cap cara humana no era digna de representar Déu, Crist sortia sempre d'esquena o se'l veia de lluny, però mai no se li veien els trets de la cara. En canvi, ara, te'l dibuixen amb pèls i senyals. Si tan sols en tres dies ens han desmuntat les imatges tradicionalment assumides de Cleopatra i Jesús, si seguim al mateix ritme les pròximes setmanes poden ser de por. ¿Qui serà el pròxim? Són capaços de dir-nos que ni Moisès ni el Cid tenien la cara de Charlton Heston (ni Picasso la d'Anthony Hopkins), que Carlemany s'assemblava al Fary i que la Mare de Déu era clavada a María Teresa Campos. Vivim a l'imperi de la imatge i, amb l'ajuda de la informàtica, són possibles tots els jocs de mans. Si no hi posa fre ningú, en un any són capaços de decidir les cares exactes de tots els personatges de la història que vam estudiar de petits. I així que badem també ens oferiran la nostra imatge computeritzada i descobrirem que la nostra autèntica cara no s'assembla de res a la que veiem cada matí al mirall.

ELIMINACIÓ DE PERSONES

És un anunci en color, a tota pàgina, que surt a diversos diaris. El titular fa: «Només Fotoprix et pot oferir aquests serveis a aquests preus». A sota, expliquen que és el laboratori més gran i modern d'Espanya, que et fan còpies de les fotos sense necessitat del negatiu (tant en color com en blanc i negre) i que la qualitat d'aquestes és igual a la dels originals. També passen pel·lícules de Super 8 a vídeo, per veure-les al televisor. I, de les diapositives, en fan còpies en paper.

L'última especialitat que expliquen és la que m'ha interessat més: «Retoquem a través d'ordinador les teves fotos antigues o fetes malbé i realitzem qualsevol fotomuntatge que desitgis». Per demostrar-ho, al costat d'aquesta frase posen quatre fotos petitones. Una és una foto antiga, amb cinc persones: un home, una dona i tres nens. La foto està ratllada, tan deteriorada que n'hi falta un bon tros. Al damunt, la mateixa foto però restaurada, perfecta, inclosa la mà que faltava a la foto original. Al costat, la mateixa foto però acolorida. A l'última foto, quatre de les cinc persones han desaparegut. Només hi queda el nen gran. Adéu pares, adéu germanets. El peu de la foto aclareix l'oferta: «Eliminació de persones».

És la democratització definitiva d'aquests programes de tractament d'imatges que permeten canviar colors, modificar, eliminar... Des de fa temps és habitual, a les revistes, retratar una persona amb camisa blanca i comprovar que, quan la foto surt publicada, la camisa blanca s'ha tornat, per exemple, vermella. O groga, o blava. El color que convingui més al director d'art.

En les últimes deu dècades, moltes fotos històriques han estat convenientment manipulades, des de molt abans que l'ordinador aparegués. Són famoses aquelles fotos de Lenin i de Stalin de les quals desapareixien els camarades que queien en desgràcia, començant per Trotski. En aquell lloc—en el que ocupava qui havia caigut en desgràcia, fos Trotski o qualsevol altre—quedava un espai buit que el retocador havia homogeneïtzat amb la resta de la foto per tal que no es notés el pedaç. En cases més humils, el que se solia fer—quan algú es barallava amb un amic o una amiga (o un nòvio o una nòvia), i decidia que no en volia saber mai més res—era clavar cop de tisores a les fotos. Agafava unes tisores i tallava el tros de foto on apareixia la persona ara odiada. Moltes d'aquelles capses de sabates on temps enrere es guardaven les fotos estaven plenes d'imatges mutilades, on de sobte es veia algú abraçat a un braç de ningú, o manc si fins i tot el record del braç de l'altre molestava.

Ara, amb la possibilitat que ofereix Fotoprix, el cop de tisores ja no cal. N'hi ha prou amb una discreta manipulació, a l'estil Stalin. El problema és que—així com fa cinquanta anys les fotos eren escasses i tenien tant de valor que no era fàcil desfer-se'n—ara en tenim tantes, i són una cosa tan corrent i quotidiana, que quan un amic passa a ser un enemic, per comptes de dur-les a Fotoprix perquè els facin una «eliminació de persones», és més pràctic fer-ne quatre trossos i llençar-les a la paperera.

EL LLIBRE COM A INCENTIU

La Mútua de Terrassa ha decidit regalar llibres a qui doni sang. Amb el lema «Un llibre, una donació», aquesta setmana comença una campanya per fomentar les donacions. El motiu és clar: la necessitat de disposar de molta sang de cara a la Setmana Santa, una època en què abunden els accidents i la demanda de sang acostuma a créixer, de manera que la que hi ha minva ràpidament.

El regal d'un llibre ¿és un estímul o una mostra d'agraïment? En el fons, tant li fa. De moment, això del llibre a canvi de sang és l'últim ús del llibre com a mortificació o bagatel·la. Durant els últims anys hem llegit sovint que, a diversos països, de vegades els jutges plantegen als condemnats per delictes menors la possibilitat de baratar dies o setmanes de presó per la lectura de llibres. Vet aquí una bona manera d'aconseguir que el personal consideri que el llibre és una penitència. Altres vegades són els diaris, que fan una oferta dominical que inclou el regal d'un llibre. Així, sense més ni més. El contrari no passa mai. Quan compres un llibre no et regalen mai cap diari, sempre et regalen un llibre quan compres un diari. O quan compres accions d'Iberia, com en el cas d'aquell famós llibre col·lectiu que ha provocat l'emprenyament de Javier Marías. Vet aquí una bona manera de consagrar el llibre com a torna, com a fotesa que es regala a tant el quilo si compres un diari o un paquet d'accions de borsa.

Si visqués avui dia i tingués algun màster en relacions públiques, el comte Dràcula regalaria un llibre per cada xucladeta de sang, i alguns hi correrien amb el coll a punt. Per sort, la inexistència de lectors compulsius evita el perill que la campanya de la Mútua de Terrassa podria comportar a la persona que, amb l'afany de tenir bons llibres (perquè hem de suposar que els que regalen ho són), donaria sang dues i tres vegades cada dia, falsejant el nom si calgués, tan sols per l'avidesa d'aconseguir-ne més i més. De manera que, d'extracció en extracció, el lector compulsiu quedaria amb les venes buides, sense sang però feliç i voltat de llibres.

La idea és tan interessant que també podria servir com a al·licient per la donació d'òrgans, més escassa del que hauria de ser. Si per donar una mica de sang et regalen un llibre, per donar tot un senyor òrgan te'n regalarien col·leccions senceres. Per donar el fetge, per exemple, les Obres Completes de Joaquín María Bartrina (quinze volums, en cartoné). Pel fetge i un ronyó, els romanents de l'Editorial Laia (si és que en queden). Pel fetge, un ronyó i un ull, tota la Bernat Metge (el primer volum amb dedicatòria autògrafa de don Francesc Cambó). Pel fetge, tots dos ronyons i tots dos ulls, una selecció del Fondo de Cultura Económica (més la Molc i la Molu enquadernades amb pell de vedell segovià). I, com a oferta culminant, si dónes tots els òrgans, els vint-i-quatre volums (29,5 x 22 cm) de la *Gran enciclopèdia catalana* o els cent quinze (17 x 25 cm) de l'*Enciclopedia universal ilustrada Espasa* (l'una o l'altra, a triar; ports a part).

La possibilitat de lliurar els òrgans en el moment de rebre els llibres o a posteriori (quan es produeixi el decés o òbit) quedaria al lliure acord de les parts contractants.

EL DRAC EN PERILL

El tracte ens anava la mar de bé a tots dos. Arriba el 23 d'abril, ell intenta salvar la noia i jo m'hi oposo amb grans glopades de foc. Aleshores ell m'ataca i, després d'una lluita coreografiada, em travessa amb la llança. Em retorço entre raneres de sang, mentre ell regressa triomfant i amb la noia a la gropa del cavall.

Però, l'endemà, tot això ja ha passat. Jo torno als meus excessos i així els dies es van succeint, un rere l'altre, fins que torna a ser primavera, arriba el mes d'abril i, el dia 23, amb els carrers una altra vegada plens a vessar de roses i banderes, torno a tenir la noia entre les urpes i ell torna a voler-la salvar, i jo m'hi oposo amb grans glopades de foc, etcètera.

No era pas un mal tracte; a tots dos ens convenia i per això ha durat tants segles. Ell s'enduia la noia i brillava com un heroi. A mi ella no m'interessa, les medalles tampoc. L'única cosa que vull és fer la meva la resta de dies de l'any: tots menys aquest, 23 d'abril, que el ritual obliga el sant a l'heroïcitat.

Però, últimament, la situació es complica. Passa que el pobre sant torna a cavall entre la seva gent, amb la noia abraçada a la cintura, i aleshores, per comptes d'alegrar-se'n i victorejar-lo com sempre, la multitud el vitupera. La cosa ja fa anys que dura. N'hi ha que fins i tot ocupen el prat on lliurem la batalla final. Arriben quan comença a clarejar, amb pancartes que li demanen comprensió:

«Prou prepotència!», «Ens hem d'entendre amb el drac!» Jo, al pobre noi el veig atordit. Sempre havia tingut un paper molt clar: salvar la noia i fer veure que em matava; tots dos estàvem d'acord i així ens anava bé. Però ara el tracten d'inhumà, l'acusen d'imposar la seva voluntat sense escoltar-me. Amb tanta gent al voltant, intentant impedir que ens barallem, cada any ens és més difícil lliurar la batalla amb un mínim de dignitat. Ja sé que els temps que corren són així, però cada cop el veig més desconcertat i de debò que em comença a preocupar.

També em preocupo per mi. Perquè també a mi em desconcerta que el populatxo estigui de part meva. Si ens forcen a acabar entenent-nos, ¿com quedarà tot plegat? Ni ell serà sant Jordi ni jo el drac terrible. Ell perdrà la categoria d'heroi, però jo perdré els dotze mesos menys un dia que faig la meva. Ara van per ell, però, quan el tinguin controlat, serà a mi que voldran controlar. De manera que, si la cosa progressa com fins ara, ja m'hi veig, l'any que ve, salvant-lo de la turbamulta.

UNA MINA INACABABLE

Dilluns a Telecinco van fer el segon episodi de la nova temporada de *Periodistas*, que ha tornat després d'uns quants mesos de descans. Es tracta d'una sèrie d'altíssim interès per qualsevol persona que hagi conegut per poc que sigui els secrets del periodisme de debò. Per comptes de reproduir una autèntica redacció de diari, han optat per un còctel entre un ballet de *Fantasia* i *El reportero Tribulete*. Inenarrable.

Periodistas ja és un clàssic entre les sèries espanyoles amb contingut gremial, que gaudeixen d'un gran predicament. Per un dia d'aquests han anunciat l'estrena d'*Abogados*, que anirà del que indica el títol. Continua en pantalla *Policías*—que va de policies—i ahir també va tornar *Compañeros*, eufemisme d'estudiants, una ocupació que, tot i que no podem definir de laboral, està impregnada d'un sòlid esperit de gremi. Igual que *Veterinaris*, encara que aquesta no és de ficció.

¿Per què abunden tant els gremis a les sèries televisives? Doncs perquè permeten delimitar amb facilitat un microclima, un diorama del món real. Tot i que generalment opten per batejar-les amb el plural del substantiu professional, de vegades, per originalitat, opten pel nom de la institució, com en el cas d'*Hospital Central*. També per originalitat, de tant en tant s'interessen per ocupacions eventuals, com aquella *Canguros*, amb mainaderes a temps parcial i les aparicions estel·lars de Maribel Verdú, Paula Vázquez o Mar Flores.

I no hi ha perill de sequera. Quan la premsa o el braç de la llei no donin televisivament per més, recorreran a d'altres professions. Antigues o noves. *Informàtics* serà una comèdia lleugera sobre la incidència del download i l'upgrade en la vida amorosa d'uns adolescents en flor (hacker inclòs). *Dissenyadors gràfics*: la problemàtica vibrant d'un grup de professionals de la *gràfica* (ells amb masclet i cabells tenyits de groc; elles amb ulleres estil Jordi Labanda). *Escriptors*: una sèrie tètrica sobre el món dels literats, amb egos desbordants, enveges, negres a tant la quartilla i premis pactats. *Arquitectes*: passions i esperances d'uns joves llicenciats que lluiten per obrir-se camí en un mercat on als arquitectes de més de setanta anys encara se'ls considera l'últimíssima generació. *Putes*: la palpitant vida quotidiana de dues meretrius les vides de les quals s'entrecreuen sense saber-ho: una centreeuropea que fa el carrer a prop de l'hotel Princesa Sofia i una presentadora de televisió de tarifa alta (la sèrie gaudiria de l'assessorament de Rodríguez Menéndez). I anar fent.

Les sèries gremials són l'equivalent televisiu dels nuclis històrics de les nostres ciutats, on els carrers porten el nom dels artesans que hi vivien. De la mateixa manera que els nostres conciutadans medievals passaven d'Agullers a Escudellers o d'Abaixadors a Flassaders, avui nosaltres anem d'*Advocats* a *Periodistes* i de *Policies* a *Veterinaris*. I encara que el nomenclàtor de Barcelona reculli un carrer dels Periodistes, no en té cap dels Advocats, dels Policies ni dels Veterinaris. I no s'ha de sentir menyspreat ningú: com a justa compensació, el desús en què han caigut certs oficis desaconsella sèries com ara

Flassaders, *Agullers*, *Abaixadors* o *Escudellers*, que, en canvi, haurien estat tot un èxit entre els nostres avantpassats de l'edat mitjana.

DEDICATÒRIES DE LLIBRES

Hi va haver un temps pretèrit que, en aquest país, la gent es deia Miquel, Francisco, Pilar, Jordi o Enriqueta. Eren noms coneguts per tothom i, per això, ningú no en dubtava de la grafia. En conseqüència, quan arribava un d'aquests dies en què el ritual convoca a la firma de llibres, l'escriptor, assegut rere la paradeta de la llibreria, només s'havia de fixar en el nom que li deia el lector, agafar un exemplar del llibre i dedicar-lo sense dilació ni error possible.

Però tot això ha canviat. Ara, Miquel, Francisco, Pilar, Jordi o Enriqueta són noms menys habituals. Ja fa dècades que el que preval és la caça i captura del nom exòtic. I aleshores passa que, de vegades, l'escriptor que dedica llibres té problemes. La cosa va començar amb les hacs després de les tes. Imaginin-se que són escriptors i que una senyora els demana que li dediquin un llibre. Escolten el nom de la senyora: Ester, però—escarmentats per experiències prèvies—dubten si escriure Ester o Esther. Per això pregunten:

—¿Amb hac?

—Esclar!—respon gairebé indignada l'Esther en qüestió.

Però pot ser que per comptes d'Esther sigui Ester, i aleshores respondrà:

—¿Com, amb hac? Sense, home!

El que dedica ha firmat llibres a Esters i a Esthers.

¿Com pot saber si la que té al davant és d'un grup o de l'altre? Passa el mateix amb les Judit i les Judith, amb les Elisabeth i les Elisabet. I, posats a fer, amb les Helena i les Elena. En canvi, cadascuna d'elles se sorprèn i considera absurda la pregunta. ¿Com s'ha d'escriure el seu nom, si no com ho fa ella?

Amb els Rubén i els Rubèn passa el mateix. I amb els Raül i els Raúl. I els Eric, els Éric i els Èric. I els Mohamet i els Mohamed. I els Iván, els Ivan, els Iban i els Ibán. I els Álex, els Àlex i els Alex. I les Vanessa i les Vanesa. I les Imma i les Inma. I les Gema i les Gemma. Quan parlen, no geminen la ema, però en canvi, pobre de tu que no dedueixis, a pesar de la seva pronunciació nebulosa, com ho escriuen exactament! ¿Iolanda o Yolanda?

A la gent que—com ja és corrent a mig Catalunya—pronuncia Txavier per comptes de Xavier i Txavi per comptes de Xavi, ¿a qui s'ha de dedicar el llibre? ¿Al Xavier o al Txavier? ¿Al Xavi o al Txavi? Perquè podria ser que, en un accés de reivindicació xava, ja n'hi hagués que firmessin Txavier i Txavi... I això tan sols és l'aperitiu del festival virolat que corre últimament: Agda, Aleida, Denís, Denis, Elred, Edbert, Letald, Nurit, Iu, Ju, Iuri, Yuri, Yusuf, Jessica, Jèssica, Jesica, Yésica, Vilma, Yanikka...

A països on fa temps que conviuen diverses tradicions onomàstiques, no hi ha mai problemes de grafia a les firmes de llibres. Als Estats Units o a França, per exemple. Perquè la persona que vol una dedicatòria s'acosta a l'autor amb un paper a la mà, on ha escrit el nom al qual s'ha de dedicar el llibre. Un cop assumida la impossibilitat de conèixer totes les originalitats gràfiques, és la solució més assenyada. Qui firma agafa el paper, veu com s'escriu el nom de la persona a qui s'ha de dedicar el llibre i aquesta s'assegura que l'hi escriguin correctament.

Dilluns que ve—Dia del Llibre—seria una ocasió ideal perquè nosaltres també poséssim en pràctica, per primer cop, aquest costum civilitzat, tan adient ara que estem en ple frenesí multicultural.

NICE GUGGENHEIM, ISN'T IT?

Si Barcelona està plena de turistes japonesos—i de no japonesos, però especialment d'aquests—que visiten i fotografien les obres de Gaudí escampades per la ciutat, Bilbao està de gom a gom de nordamericans. També hi ha anglesos, alemanys, australians i el que sigui, però, especialment, el que hi ha, de forma aclaparadora, són nordamericans.

¿I què visiten? El Guggenheim. És cert que també es passegen per Bilbao i mengen als restaurants que hi ha. En trobes al hall de l'hotel, als bars, al metro. Els distingeixes per la manera de vestir (pràctica i amb colors clars pels costums locals), però també pels mapes desplegats on claven el nas, per les gorres dignes de Bob Hope i perquè, així que s'asseuen, es posen a llegir algun llibre. N'hi ha de joves i de mitjana edat, però sobretot n'hi ha de grans: de seixanta anys per amunt. Igual que l'Imserso però de Connecticut. Els autocars els esperen a la porta de l'hotel i els carreguen cap al museu, perquè no hi hagin ni d'anar a peu. Allà s'encanten davant el gosset de Jeff Koons i l'edifici de Frank O. Gehry.

Per moltes voltes que hi doni, no puc deixar de pensar que és un fet fascinant. El que fa que tots aquests nordamericans vagin a Bilbao és un edifici d'un nordamericà de Toronto! D'acord que l'esplèndid temple del Guggenheim bilbaí neix de la ria i de les drassanes. D'acord que la forma que té sorgeix de les quilles dels vaixells, d'acord que és un joiós esclat de titani en contrast amb les cases del Bilbao de sempre, que li fan de teló de fons. Però, tot i així, el Guggenheim no deixa de ser, no tan sols simple arquitectura nordamericana, sinó una marca, una fita, una icona de la cultura d'aquell país. I aquesta icona de la cultura nordamericana és el que porta nordamericans a Bilbao! Ho trobo admirable. No puc evitar pensar en els espanyols que van a Nova York o a Londres i, així que poden, després de renegar de la gastronomia local, es fiquen a restaurants amb noms com ara Casa Paco o El Rincón Español, i demanen truita de patates. O en els catalans que van a París i a l'hora de dinar corren a la Maison de la Catalogne. O en els nordamericans que, vagin on vagin, sempre mengen en un Burger King.

I és que, en el fons, els trets van per aquí. El Guggenheim és una icona de la cultura nordamericana que es multiplica per moments. Ara ja n'hi ha dos a Nova York, un a Bilbao i un altre a Berlín. I d'aquí a poc temps n'hi haurà un altre a Venècia (de moment ja hi ha una col·lecció de pintura) i un altre a internet: el Guggenheim virtual, en diuen. I se n'hi afegirà un altre a Austràlia: a Geelong, si les forces vives de la ciutat aconsegueixen convèncer els capitostos de l'invent que n'hi obrin un altre. Si els museus Guggenheim continuen al mateix ritme, aviat en concediran en franquícia. Així, d'aquí a deu anys, a cada ciutat del món n'hi haurà un i els nordamericans podran anar d'una a l'altra amb la tranquil·litat de no trobar-ne cap sense el *seu* Guggenheim. Jo els posaria sempre al costat d'un Hard Rock Café. Així ho tindrien fins i tot més fàcil per, després de la visita al Guggenheim local, poder menjar unes anelles de ceba ben fregides, sense desagradables sorpreses autòctones, natives, vernacles o aborígens.

MÍTING A LES CADIRES

Aquest matí, Juan José Ibarretxe, Joseba Egibar i Gorka Knörr han participat en una trobada amb joves a la Societat Gastronòmica de Sant Sebastià. A la tarda, la trobada no és a cap societat gastronòmica, sinó amb la societat guipuscoana en ple: amb tota ella. Així ho anuncia *Deia*: «EAJ/PNV. Trobada amb la societat guipuscoana, a l'hotel Costa Vasca». Em ve a la memòria l'acudit de Pujol a la Xina, dient que som sis milions, i el mandatari xinès que li pregunta a quin hotel s'estan.

Algú ha tirat pintura rosa contra el rètol del Costa Vasca. Antiguo és un barri preciós, de turons verds, grans parcs, arbres altíssims i sòlids edificis d'obra vista. A la gran sala de la planta baixa, sofàs i taules, i una amplitud d'espai i una barreja d'estils que recorden l'hotel de *The shining*. Al voltant d'una taula, quatre senyores molt empolainades juguen a pinacle. En una de les sales privades, uns quants obrers munten l'escenari: una gran foto d'Ibarretxe, el lema—«La resposta positiva»—i set o vuit individus que col·loquen cadires, ajusten focus i proven la megafonia. Per fer-ho, n'hi ha un que se situa davant del micròfon, un de calb i somrient que, amb veu profunda, imita el ritme i el to dels oradors dels mítings: «Aquesta tarda que ens hem reunit aquí, us he de dir, amics i amigues, que... l'hotel és l'hotel..., la tele és la tele i les cadires... les cadires són les cadires! I això—afegeix amb veu de tro, cada cop més ficat en el paper, com si de debò es trobés en ple míting—, això no canviarà!» No imita ningú concret; imita el polític que fa mítings, en general. Un dels electricistes que treballen al fons de la sala aplaudeix. Això dóna força al senyor calb i somrient que prova el micròfon, que arenga les tres-centes cadires buides que té al davant: «Gràcies per aquests aplaudiments. Però... —i aleshores pensa què pot dir—us diré una altra cosa: aquest hotel s'ha d'aixecar tres metres. Cada pis, tres metres més amunt! I posarem una rampa fins a aquesta sala, perquè la pròxima vegada ens costi menys descarregar!» Rere seu, la gran foto del president Ibarretxe, el lema «La resposta positiva» i la bandera basca.

Quan—a les vuit i vint—arriba Ibarretxe, les tres-centes cadires estan plenes de gom a gom i els que les ocupen es posen drets i aplaudeixen rabiosament. I aleshores, rere el micròfon que provava el senyor calb i somrient, s'hi posen, successivament, Egibar, Knörr i Ibarretxe, però ara parlen seriosament i no és el mateix.

MOUSSE DE CUSCÚS SOBRE LASANYA DE NAP

Una de les satisfaccions de passar uns quants dies a Euskadi és comprovar que la nova cuina no implica l'agonia de la tradicional. Els restaurants (siguin cars o barats) no han perdut el món de vista ni han substituït els plats de sempre per llistes interminables de carpaccios.

Pels que viuen normalment a Barcelona, al País Basc hi ha un detall que crida l'atenció: els brous i les sopes. A moltes tavernes, a la paret hi ha un cartell que diu: «Tenim caldo». Te'l porten en un bol i és gustós i de debò. I es posa la mar de bé: al migdia, a mitja tarda o en plena nit, abans de continuar bevent o menjant pintxos i cassoles. Si deixem les barres de les tavernes i ens asseiem a les taules dels restaurants, es ratifica l'alegria. A totes les cartes hi ha, sempre, unes quantes sopes per triar. Sopes i *cocidos*. A Barcelona, en algun restaurant hi ha una o dues sopes, i molt rarament escudelles o olles. A la majoria, ni una. Han desaparegut del mapa.

El motiu és evident. Per preparar una sopa, una escudella o una olla es necessita saviesa i temps, i molts dels nostres restaurants actuals estan en mans de paios que no tenen aquesta saviesa ni estan disposats a perdre les hores que calen per la cocció. Els surt molt més a compte preparar en cinc minuts un ou de guatlla bullit i portar-te'l al bell mig d'un plat de mig metre de diàmetre, al costat d'un tomàquet cherry cobert amb salsa d'aranyons i un brotet de menta. A més, per l'ouet s'atreveixen a cobrar una pasta gansa (que la majoria de catalans paguen encantats i bavejant), pasta gansa que no s'atrevirien a cobrar per la sopa o l'escudella. A Barcelona (i, cada dia més, a tot Catalunya), dels restaurants de nivell u passem directament als de nivell quatre, perquè els dels nivells intermedis han decidit que ells no volen ser menys que ningú, encara que l'evidència demostri que no estan a l'altura per situar-se al nivell superior. En canvi, a Euskadi, els fastos de la cuina pretesament sofisticada no han arrasat les meravelles de la cuina tradicional. Totes dues conviuen sense problemes i, sobre els restaurants de nivell u, hi ha els de nivell dos. Sobre d'aquests, els de nivell tres, i, sobre d'aquests, els de nivell quatre.

Això pensava aquests dies a Euskadi i, quan he tornat a Barcelona un parell de dies (abans de tornar-hi a anar), llegeixo a *El Triangle* una entrevista esplèndida amb Jaume Fàbrega, un dels observadors més lúcids de l'actual situació de la cuina catalana. Fàbrega diu que, a Catalunya, «la moda de grans estrelles de la cuina pot comportar la desaparició de la cuina tradicional». Explica que la manera de cuinar de les fondes està deixant pas a una restauració «de disseny, pseudomoderna». Explica que a les cartes dels restaurants barcelonins cada dia hi ha menys mongeta tendra i menys fricandó. Que, mentre que a França o a Itàlia l'eclosió de les grans figures no ha enterrat la cuina de sempre, a Catalunya sí. ¿Per què? Perquè amb la industrialització «es va produir una ruptura amb la tradició culinària, que fins aleshores passava de pares a fills (o de mares a filles, que pel que fa al cas és el mateix)» i d'aquesta manera «una part de la saviesa tradicional en les coses del menjar s'ha perdut».

Això sí, així que s'ajunten dos il·luminats en l'organització del carnaval de Barcelona, munten un concurs popular per inventar la «truita a la catalana». Amb barretina inclosa. Quina pena de país!

L'IMPERI DEL PICAPICA

No sé si deuen haver observat la facilitat amb la qual, en una taula de restaurant, així que s'ajunten més de tres persones (fins i tot dues), quan arriba el cambrer i pregunta què volen menjar, de vegades un dels comensals proposa:

—¿Què us sembla si primer demanem un picapica i després cadascú agafa un segon?

Fins i tot pot ser que ho ofereixi el mateix cambrer:

—¿Què els sembla si, per començar, portem un picapica i després que cadascú demani el que vulgui?

La implantació del picapica ha estat tan subtil i sibil·lina que, davant de propostes com les esmentades, poques persones són capaces de reaccionar i dir que no, que volen un primer plat, i després un segon i, si convé, postres. I que, si algú vol un picapica, que se'l demani per ell. Però el cas és que els partidaris del picapica no el volen per ells tots sols: volen que tots els comensals participin de la il·lusió per l'invent.

Al començament, el costum es limitava a les reunions de grup: sopars d'empresa o banquets familiars. En àpats multitudinaris era una manera, no tant d'estalviar algun duro, com de solucionar problemes de disparitat de gustos i multiplicitat de plats. Però el costum ha arribat a un punt que sovint s'imposa sense més ni més, fins i tot en taules de dos comensals. Es dóna per fet que tothom està d'acord amb el picapica.

El picapica és l'aplicació gastronòmica del pensament únic, del mínim comú denominador alimentari: un platet amb olives, un altre amb anxoves excessivament dessalades, un altre amb rodanxes de fuet sense pebre, un altre amb paté, un altre amb peixet fregit... Més uns ravenets holandesos (rodonets i sense gust de rave) i—potser—unes endívies tallades a quarts. El cas més greu de picapica es produeix quan els diversos comensals tenen l'opció de demanar què volen que els duguin. Un demana ensaladilla russa, l'altre amanida de cranc, l'altre carpaccio de vedella... I tu, posats a demanar, demanes cloïsses, que de tota l'oferta és el que t'agrada més. I aleshores resulta que els que han optat per l'ensaladilla russa, l'amanida de cranc o el carpaccio de vedella amb prou feines ho tasten i, en canvi, en un tres i no res engoleixen les cloïsses que has demanat tu, i que són l'única cosa que et ve de gust de tot el que hi ha a taula. Mentrestant, el seu carpaccio, la seva amanida i la seva ensaladilla es queden sobre la taula, sense tocar.

El picapica és la versió actual del ranxo de la mili o de col·legi. El pitjor del cas és que molts dels que voldrien un primer plat perquè saben perfectament què els ve de gust, ajupen el cap i accepten el picapica perquè els sembla que negar-s'hi és poc solidari, és com desmarcar-se de la resta. I ningú no se'n vol desmarcar, segons sembla. I, en canvi, quina gran llibertat, la de decidir cadascú el primer plat que vol! Això de picapica, per cert, ¿no s'aplica a unes pólvores o pelets vegetals que en contacte amb la pell de les persones fan molta coïssor? Recordo que, de petit, a classe sempre hi havia algun bromista que, per l'esquena, t'apartava el coll de la camisa i te'n tirava a dins, i la picor era horrorosa.

A COPS D'OU

La setmana passada, l'aeroport del Prat va viure una nova vaga del servei de neteja. Poques setmanes abans n'hi havia hagut una altra, i a totes dues els vaguistes van seguir la mateixa conducta: van inutilitzar els lavabos, van embussar els vàters amb rotllos de paper mullats i van escampar més d'una tona de paper per les terminals, a més de tres-cents seixanta litres de begudes de cola i mil doscents ous que van esclafar contra els vidres.

Aquesta manera d'actuar ha estat qüestionada per la població, que al·lega que una cosa és fer vaga i negar-se a treballar—en aquest cas, a netejar—i una altra és dedicar-se a deixar l'espai públic com una cort de porcs, sense que els preocupi el fet que perjudiquin els conciutadans, més que no pas el patró. D'aquí vénen les valoracions dels usuaris que ha recollit la premsa: «penós», «lamentable», «una vergonya», «una situació indigna», «mala imatge», «Barcelona no s'ho mereix»...

Però hi ha un detall curiós. Molts turistes, lluny de considerar que l'aspecte de l'aeroport era fastigós, es van pensar que es tractava de les restes d'una festa. «Typical Spanish», deia algun diari. Als turistes, la tona de paper estripat i escampat per terra els semblava com si fos confeti, i les cent dotzenes d'ous, una tradició local. En aquest món mundialitzat, on l'homo turisticus passa d'un país a l'altre amb una set de conèixer altres cultures tan gran com la seva incapacitat per entendreles de debò, els turistes que arribaven al Prat no veien en tota aquella porqueria una vaga dels encarregats de la neteja, sinó les restes d'una festa! Aquells als quals els periodistes van preguntar devien sortir de l'error, però ¿quants altres devien arribar a l'hotel—i al cap d'uns quants dies o setmanes als seus països d'origen—pensant-se que una de les nostres festes típiques consisteix a anar a l'aeroport i tirar papers per terra i ous contra els vidres?

Jo proposaria institucionalitzar-ho. A la població valenciana de Bunyol se celebra, cada últim dimecres d'agost, la Tomatina, una festa en la qual els joves es tiren tomàquets els uns als altres. L'any passat se'n van tirar cent vint mil quilos. I no es tracta de cap festa medieval, ni de bon tros. El 1945, dos grups de joves de Bunyol es van començar a barallar a la plaça i van acabar a cops de tomàquet perquè a prop hi havia un verdulaire i hi van anar a buscar projectils. L'any següent ho van repetir. Més de cinquanta anys més tard, la Tomatina atreu trenta mil visitants, amb tot el benefici econòmic que això comporta per Bunyol. Doncs el cas del Prat podria anar per aquí. Però amb ous. La pròxima vegada que es repeteixi la vaga ja serà gairebé una tradició i—igual que l'Aplec del Cargol de Lleida—s'hauria de demanar que fos reconeguda com a «festa d'interès turístic». Seguint el patró de la Tomatina, es podria batejar com l'Ouina: «Veniu a l'Ouina del Prat!», faria l'eslògan. Cada any, a mitjan maig, ens reuniríem a l'aeroport i, mentre els uns es dedicarien a barallar-se a cops d'ou, els altres s'entretindrien embussant vàters i els de més enllà anirien escampant per terra begudes de cola i tones de trossets de paper.

Si als turistes els agrada, no hem de desaprofitar l'oportunitat. Convé diversificar-se. Gaudí i el modernisme van bé, però s'han de buscar al·licients nous.

ORTIGUES BULLIDES AMB VI BLANC

Amb pocs dies de diferència, han saltat a les pàgines de la premsa dues notícies que tenen força coses en comú. La primera va ser fa tres setmanes, quan el Cor de Laringectomitzats de Lleó va anunciar que avui, 25 de maig, publicaria el seu primer disc, amb el títol d'*Así cantan los laringectomizados*. Com és fàcil de deduir—tant del nom del grup com del títol del disc—, els cantants que formen el cor han sofert una extirpació de laringe. El cor lleonès és únic al món i, des del mes de febrer, ha actuat a diversos pobles de la seva província. Després de la presentació del disc, té previst fer el salt i actuar a ciutats de tot Espanya, i també d'Amèrica.

La segona notícia ve de Madrid. El Círculo de Bellas Artes va ser escenari, la setmana passada, d'una desfilada de moda i llenceria protagonitzada per senyores mastectomitzades; és a dir, que han patit «extirpació parcial o total de la glàndula mamària». Les senyores que van desfilar no són models professionals, sinó participants del programa «Vivir como antes», que promou l'Associació Espanyola contra el Càncer. Els vestits i la llenceria que exhibien van ser creats especialment, pensant en elles.

Si aquestes dues iniciatives les haguessin proposat persones que no tinguessin res a veure amb la laringectomia o la mastectomia, molta gent les hauria titllat de barroeres i políticament incorrectes. Però, com que els promotors són laringectomitzats i mastectomitzades, a ningú no se li ha acudit qualificar-les de barroeres ni d'incorrectes. Perquè no tan sols no tindria sentit, sinó que és evident que en tots dos casos es tracta d'agafar el toro per les banyes i no deixar-se aclaparar per la malaltia.

Fa tres mesos, *La Vanguardia* va publicar la carta d'una senyora que—em sembla recordar—s'havia enfrontat a un càncer, l'havia superat i, en la inseguretat dels anys per venir i la incertesa que pugui reproduir-se, demanava que la gent deixés de fer servir, d'un cop per sempre, això d'«una llarga malaltia» i eufemismes similars. Demanava una cosa tan senzilla com que, al càncer, se l'anomeni sempre amb totes sis lletres i sense giragonses benintencionades: càncer.

Si, el 1860, el llibre *L'histoire des miracles* explicava que el remei contra el càncer era «pendre ortigues bullides amb vi blanc i oli», en una data tan propera com el 1977, el canceròleg Mathé escrivia a *Dossier Cancer*: «Les dones previsores poden triar entre una activitat sexual precoç i freqüent, que afavoreix el càncer d'úter, i l'abstinència, que provoca càncer de pit.» Aquestes ximpleries van ser dites fa poc més de vint anys, en una època que, entre la ciutadania, la malaltia era pràcticament innomenable. «Un mal lleig», en deien de vegades, com si el fet de pronunciar «càncer» impliqués contreure'n immediatament. Ha passat el temps i ara queda clar que, a més de designar-lo pel seu nom, una manera de fugir de l'obscurantisme i obrir una escletxa d'esperança és enfrontar-s'hi de cara i amb un pèl d'humor. I, tant en la idea del cor de laringectomitzats com en la desfilada de llenceria per mastectomitzades, hi ha un bri d'humor admirable. Encara que, pels comentaris que he sentit, això resulti incòmode per alguns dels que contemplen el càncer des de la distància.

LA FORÇA DE LA GENÈTICA

És diumenge. Són les deu del matí i gran part de la ciutat dorm. La que no, es desperta mandrosa i en silenci. I aleshores, de sobte, un esclat de botzines trenca la calma matutina. Primer se senten a una certa distància, però de seguida n'augmenta la intensitat, fins que s'estabilitza. El ritme que marquen les botzines és el tradicional «to-to-tó, to-to-to-to, to-tó!».

¿Què passa? ¿Algun equip de futbol ha guanyat alguna final de Copa? No pot ser. No en toca cap i, a més, els partits es juguen de nit i no pas a primera hora d'un matí de diumenge, i és a les nits de victòria quan, després del partit, els seguidors de l'equip vencedor corren per la ciutat, per celebrar-ho i beure tot el que sigui bevible. I ara, en canvi, és al matí. Obro el balcó, surto a fora i veig una fila de vuit cotxes que fan sonar la botzina mentre avancen pel carrer. Ara s'han aturat davant d'un semàfor però continuen igual: «to-to-tó, to-to-to-to, to-tó!» A l'edifici del davant s'aixequen més persianes i surt gent amb pijama, amb cara adormida i la mateixa pregunta al cap: «¿Què passa?» Els vuit cotxes continuen aturats al semàfor vermell. El primer porta el parabrisa i el vidre posterior guarnits amb rams de flors blanques.

O sigui que es tracta d'això: d'un casament. Vuit cotxes van per la ciutat fent sonar les botzines perquè dos dels que hi van es casen avui. Últimament es parla molt del soroll que hi ha a les ciutats. S'han creat nombroses plataformes en contra, decidides a acabar amb el soroll innecessari, però aquest ha arrelat de tal manera al cor de la gent que ho tenen difícil. Sense soroll, molts conciutadans no saben expressar cap emoció. És l'herència del xerrac, del petard que diverteix tant les criatures. Es fa soroll per qualsevol cosa. Per demostrar que estem contents posem música al cotxe i, amb el volum al màxim i les finestres obertes, ens passegem pel carrer, perquè tothom comparteixi la nostra alegria. Fins i tot, per demostrar que estem tristos, han suprimit el silenci als enterraments, i ara—per poc significatiu que fos el mort en vida—s'aplaudeix el seu taüt.

Es tracta d'evitar el silenci, sigui com sigui. Ara que el semàfor finalment s'ha posat verd, els vuit cotxes tornen a engegar pitjant les botzines sense parar. Si fessin una fila silenciosa els semblaria que no demostren prou alegria. I el casament de dos d'ells mereix tota aquesta alegria, mereix que tota la ciutat es desperti quan passen, aquest matí de diumenge, de manera que s'assabentin d'una cosa extraordinària: que dos d'ells es casen!

Després hi haurà qui se sorpendrà quan, d'aquí a setze o disset anys, el fill d'aquesta parella que es casa avui canviï el tub d'escapament de la seva motoreta per un tubàs eixordador i es passegi pels carrers d'aquesta mateixa ciutat per anunciar a tothom una cosa que per ell també serà summament important: que s'ha canviat el tub de la motoreta per un tubàs eixordador.

COTXES EN VENDA

Aquest matí, quan tornava de comprar el pa, he vist un Opel Kadett vermell aparcat al carrer, amb un cartell al vidre del darrere que deia, en lletres escrites amb retolador: «Em venc». A continuació hi havia un número de telèfon. Molt sovint veus cotxes aparcats amb un cartell que indica que estan en venda i amb un número de telèfon on trucar. Sovint també diuen el preu que en demanen, si consideren que és una ganga que pot atreure els possibles compradors.

Si avui m'he fixat especialment en el cartell del cotxe és perquè ahir en vaig veure un altre, en una altra zona de la ciutat, també aparcat i amb un cartell que començava amb les mateixes paraules—«Em venc»—, i ahir ja em vaig preguntar per què el cotxe se m'oferia en primera persona del singular. És evident que els vehicles automòbils no tenen consciència d'ells mateixos ni estan prou alfabetitzats per dirigir-se per escrit als vianants ni als altres vehicles que els passen pel costat. Per tant, l'opció més lògica és suposar que el cartell el va redactar el propietari del cotxe, que va escriure «Em venc» no pas perquè es volgués oferir ell personalment al millor postor, sinó en nom del seu cotxe, en una mena de detall simpàtic: com si fes veure que el vehicle està imbuït d'una ànima.

Però, en canvi, vas pel carrer i no veus mai, penjats de cap balcó, cartells d'oferta de venda que facin servir la primera persona del singular. Als pisos, els cartells sempre diuen: «Es ven» o «Pis en venda». No es veu mai escrit: «Em venc. Sóc molt assolellat. Tinc 3 habitacions, cuina i bany, i la meva terrassa és àmplia». Ni tampoc: «Em venc. Sóc d'alt standing i tinc 110 metres quadrats». ¿Per què, en canvi, els cotxes sovint s'ofereixen en primera persona?

Perquè tenen una aparença relativament humana (o animal, que ve a ser el mateix). I els pisos no. Des de petits hem vist que—a les historietes i als dibuixos animats—de vegades els cotxes adopten un cert antropomorfisme: els fars es converteixen en ulls immensos que et miren i els paraxocs en una boca que es torça o que riu, segons si està a punt d'envestir algun despistat o no. Més enllà del món dels dibuixos, tenim—amb imatges reals—el «cotxe fantàstic» de la sèrie de televisió, que parlava amb veu cavernosa i explicava coses la mar de simpàtiques i gracioses. Molt més pervers, a la pel·lícula *Christine*—basada en la novel·la de Stephen King i dirigida per John Carpenter—sortia un cotxe assassí que es dedicava a matar gent.

Amb tots aquests precedents, si jo estigués interessat a comprar un auto de segona mà—tot i saber que la lògica diu que la cosa més probable és que el redactor del cartell en sigui l'amo—no em refiaria gaire d'un cotxe que s'ofereix en primera persona: «Em venc». ¿De debò ets tu qui diu que es ven? Qui sap si, un cop comprat i amb tota la paperassa del canvi de nom feta, quan t'hi asseus i poses la clau al contacte, el tauler d'instruments s'il·lumina per dibuixar un somriure esgarrifós, el canvi de marxes et comença a parlar amb veu terrible i gutural, el volant deixa anar una riallada homicida i no en surts viu.

L'AVORRIMENT COM A DISTRACCIÓ

Jo diria que la cosa més lògica, quan s'acaba el curs escolar, seria que els nens i els adolescents es trobessin amb les mans a les butxaques, sense res per fer. Encara que fos només unes quantes setmanes, per refer-se de nou mesos de classes. Però ja fa molt de temps que no és així. S'acaben les classes i, en general, els hem preparat l'estiu amb tots els ets i uts, des del primer dia. Com va començar tota aquesta programació, no ho sé, però el cas és que, així que s'acaba el curs, la societat desplega davant dels nois un ventall d'activitats. Perquè estiguin ocupats: colònies d'estiu en algun poble més o menys llunyà; activitats esportives de dilluns a divendres i del matí al vespre; cursos d'idiomes a l'estranger o en un poble proper, o a la mateixa ciutat... O tallers perquè practiquin les seves aficions: musicals, teatrals, esportives... Quants nens es passen el mes de juliol en stages futbolístics avalats per glòries presents o passades d'aquest esport, somiant que algun dia seran els Djalminha o els Baraja del futur!

Una o una altra, han d'escollir alguna activitat. En el ventall de possibilitats que els oferim no hi entra la de quedar-se a casa i avorrir-se, ni que sigui una miqueta perquè, a partir de l'avorriment, se'ls acudeixi fer alguna cosa. Alguna cosa per pensar. Alguna cosa per meditar, encara que sigui arribar a la conclusió que s'avorreixen. Alguna cosa que no se'ls acudirà mai si tot el que fan durant aquest mes—en què ells tenen vacances i els pares no—està pautat al mil·límetre.

Jo recordo una infantesa en la qual, quan s'acabaven les classes, em passava les tardes a casa, completament sol. El pare treballava en una fàbrica i la mare cosia a cases d'altra gent. Eren tardes avorrides, durant les quals el gran plaer era deixar-se anar, rebolcar-se en l'avorriment i cavil·lar. Moltes vegades llegia. El que trobava: novel·les, manuals de reparacions elèctriques, diccionaris, de la a a la zeta. Llegir feia que l'avorriment desaparegués. De vegades sortia al balcó i em passava hores observant el carrer, la gent que s'hi passejava, els edificis del davant, els cotxes que circulaven. Els observava, establia relacions i em deixava d'avorrir. De vegades dibuixava a la taula del menjador. I així ja no m'avorria. De vegades, la fortuna m'obsequiava amb el regal d'un home que es dedicava a estufar la llana dels matalassos d'algun pis en un dels patis de l'illa de cases. Dipositava la llana sobre una flassada i amb dues vares l'anava treballant, l'aixecava enlaire, l'esponjava, l'estovava. Feia anar les vares amb art, amb traça, amb una rapidesa sorprenent i tallant l'aire amb un soroll màgic. Quan acabava, tornava a omplir el matalàs, el cosia i tocava el dos.

A partir de l'avorriment, sempre descobria coses que m'acabaven distraient. Sense l'avorriment, no hauria descobert mai la possibilitat d'espavilar-me tot sol, més o menys bé. Si, en acabar-se el curs, ho hagués tingut tot programat, des de la primera hora del matí fins a l'última de la tarda, ¿hauria descobert que m'apassionava llegir, dibuixar, escriure, mirar? Aquests nens i joves d'ara, als quals no donem l'oportunitat d'avorrir-se mai, ¿com descobriran de què són capaços per ells mateixos? És com si volguéssim que, sense perdre ni un minut, s'integressin ja en la vida estressada que portem els grans.

L'ORDINADOR I LA LITERATURA

L'altre dia, en una sèrie de televisió, va sortir un actor que interpretava el paper d'un escriptor en ple tràngol de crear una gran novel·la, una d'aquestes que canvien el curs de la història de la literatura. L'home escriu a casa seva, amb el front arrugat i l'expressió concentrada de la persona que persegueix la metàfora amb un caçapapallones. I vet aquí el detall curiós: l'acció de la sèrie transcorre en l'actualitat, però l'escriptor escriu amb una màquina tradicional, d'aquelles de fa quinze o vint anys.

Amb els ordinadors i els escriptors passa una cosa estranya. Tots sabem que, avui en dia, hi ha pocs escriptors que continuïn escrivint amb una màquina tradicional. Ara, la immensa majoria escriu amb ordinador. Tot i així, resulta que moltes vegades les sèries televisives i les pel·lícules els fan aparèixer asseguts davant d'una màquina tradicional. Deu fer sis anys, en un anunci de promoció que feien a la tele, sortia un escriptor que escrivia el llibre que s'anunciava. Tot i que l'home va escriure el llibre amb ordinador, a l'anunci picava les tecles d'una Olivetti Dora.

¿Per què ho fan, això? Doncs perquè, irònicament, ordinador i literatura encara no han acabat d'encaixar. Segur que encaixaran un dia o altre, però de moment encara no. En el tan sovint esmentat inconscient col·lectiu, ordinador i escriptor no van de bracet. A la pel·lícula *Millor impossible*, Jack Nicholson interpretava el paper d'un escriptor antipàtic, i, quan se'l veia escrivint, estava davant d'un ordinador. Era un tractament realista. És lògic que, com a reflex de la immensa majoria d'escriptors actuals, aquell escriptor s'assegués davant d'un ordinador per escriure les seves històries. Però quedava estrany. A parer meu, la cosa fallava, igual que a moltes altres pel·lícules on surten escriptors davant d'un ordinador. ¿De debò escriuen una novel·la?, penses. Potser estan fent la declaració de renda.

El món audiovisual està ple de petites falsedats, de clixés tramposos però efectius. Els víkings, per exemple, no van dur mai banyes als cascos, però al cine no ens els podem imaginar sense. Els romans no saludaven alçant el braç dret, però ara ja no els sabríem veure saludant de cap altra manera. I aquest clixé, el de l'escriptor i la màquina d'escriure tradicional, és molt potent. Perquè estar assegut davant d'un ordinador no implica que s'hi faci literatura. Et pots asseure davant de l'ordinador per preparar un informe comercial, per apostar en un casino online, per llegir un e-mail de la nòvia o per jugar al «Championship Manager». Tothom té un ordinador a casa. Per això, icònicament, el fet d'estar davant d'un ordinador no identifica l'escriptor. L'ordinador és un aparell d'ús generalitzat, i al davant s'hi asseuen persones amb els oficis més diversos. En canvi, davant de la màquina tradicional s'asseien bàsicament dos grups de persones: escriptors i secretàries. Els primers amb un got de whisky al costat i les segones amb telèfon i intèrfon per parlar amb el senyor director. En canvi, l'ordinador és tan de tots els ciutadans que encara no serveix per identificar l'escriptor. Potser la manera que ho comenci a ser seria combinar-lo amb un altre clixé: posant sempre al costat del teclat un got, una ampolla de whisky i un cendrer ple de burilles.

ABANS QUE HI HAGI MÉS BAIXES

La setmana passada, en el concert d'homenatge a Bardagí, El Gran Wyoming va acusar Serrat de capità Aranya, perquè els havia embarcat en l'aventura i després se n'havia escaquejat amb l'excusa d'una angina de pit. I aleshores, perquè s'acabessin els prolegòmens i els músics comencessin a tocar, va dir una cosa com ara «Bé, comencem, abans que hi hagi més baixes».

Suposo que hi ha un moment en el qual cada generació nota que en les seves files comença a haver-hi moltes baixes. Fa anys ho devia notar la generació que ara es troba, més o menys, entre els seixanta i els setanta llargs. Suposo que sempre ha estat així, i que les generacions precedents van passar per això mateix. I, encara que ara els sembli impossible, d'aquí a un cert temps també ho notaran els que ara estan entre els vint-i-tants i els quaranta-poc.

Forma part del tracte. Et donen un cor, amb les seves sístoles, diàstoles i situacions de risc. Fa quinze o vint anys, les baixes es produïen majoritàriament entre amics o coetanis dels nostres pares. Per tant, ens quedaven a una certa distància, i ja se sap que la distància és l'oblit, etcètera. Ara, en canvi, les baixes ja abunden entre gent amb la qual hem crescut, viscut i, en alguns casos, disfrutat farres considerables. Per això ens toca més de prop. Recordo l'estupor que vaig sentir, fa uns deu anys, quan va morir Gato Pérez. Ens vam atipar de recordar-lo cantant allò de «Se fuerza la máquina...», vam concloure que, efectivament, la màquina es força tant que arriba un dia que explota. Ell l'havia forçat, igual com la vam forçar molts coetanis seus.

Després va ser Farràs, La Voss. El cas de Bardagí va ser, oficialment, un edema pulmonar. Però abans ja havia tingut un infart o dos. O sigui, que som allà mateix. (N'hi ha hagut d'altres, esclar, però me'ls salto per no fer la llista massa llarga.) I, just abans del concert d'homenatge a Bardagí, Serrat té una angina de pit. El mateix Serrat que, en aquell anunci a favor de la prevenció de les malalties cardiovasculars, apareixia sobre una bici i deia alguna cosa com ara «Mou-te, *corasón*». Les causes adduïdes han estat les habituals: cansament després d'una gira, excés de feina, estrès... No tots sabem fer com Thomas Johnson, president de la Cnn, que acaba d'anunciar que deixa el càrrec «per fugir de l'estrès de la feina abans que l'estrès acabi amb mi».

El moment pitjor deuen ser els primers anys que una generació s'estrena en aquest festival cardiovascular. Suposo que, després, arriba un dia que t'hi acostumes. I és evident que la preocupació per les baixes no és cap fenomen estrictament local. Ho demostra el fet que, la setmana passada—la mateixa de l'homenatge a Bardagí, de l'angina de pit de Serrat i de Wyoming dient «abans que hi hagi més baixes»—, el quadragenari George Clooney va presentar a Milà un model de scooter dissenyat per prestar els primers auxilis en casos de problemes coronaris. És una iniciativa de la Running Heart Foundation, que promou a Europa solucions motoritzades per socórrer persones que tenen, tot d'un plegat, un atac de cor.

¿Per què Clooney s'hi hauria prestat, si no fos que també deu començar a viure els esbalaïdors primers anys del debut generacional en això dels atacs de cor?

EN LA CALOR DE LA NIT

Fa un parell d'hores dormia plàcidament (somiant que un senyor amb tres braços se n'amagava el tercer a l'esquena) i tot d'una ha sonat el telèfon. No pas al prat per on corria el senyor dels tres braços amb el tercer amagat, sinó a casa. M'he despertat i he intentat calcular quants trucs havia fet. ¿Dos, o només un? En tot cas, mentre ho pensava se n'ha sentit un altre. De manera que m'he incorporat al llit i he mirat el despertador: dos quarts de cinc de la matinada. I aleshores ha sonat un altre truc i m'he posat les sabatilles i he corregut cap al passadís. Si algú et truca a dos quarts de cinc de la matinada vol dir que passa alguna cosa greu. Si tens els pares grans, de seguida hi penses. Potser ha passat alguna cosa. Sense poder-me posar del tot la sabatilla dreta, he arribat fins al telèfon, però, com que ahir a la nit vaig deixar el contestador connectat, abans de despenjar he sentit que s'engegava i una veu pregravada deia així: «Això és un missatge que li parla des de l'ordinador central de Marbelo, a Peníscola. El seu número de telèfon ha estat seleccionat i li ha correspost un fantàstic regal garantit davant de notari. Es tracta de la copropietat d'un apartament a Peníscola (Castelló), que serà seu durant una setmana a l'any la resta de la seva vida. Si accepta el regal, truqui per informar-se'n al 9-0-6-29-99-56. Atenció! Si truca abans que passin vint-i-quatre hores, podrà entrar en el sorteig d'un Mercedes classe A. Recordi: 9-0-6-29-99-56. Repetim: 9-

0-6-2-9-9-9-5-6. Esperem la seva trucada. Fins aviat.»

He mirat el rellotge que hi ha a la paret. Eren, en efecte, poc més de dos quarts de cinc. ¿De la nit o de la matinada? Tant si és una cosa com l'altra, el que és ben clar és que una empresa que es diu Marbelo—i que té la seu a Peníscola (Castelló)—es dedica a trucar de nit o de matinada als seus possibles clients. Molta gent dubtaria de la sensatesa de despertar ningú en aquesta hora, però no seré jo qui critiqui les seves tècniques de mercat. Cadascú treballa quan pot o quan vol, i ¿quina culpa tenen ells que els hàbits horaris de la majoria de la població no coincideixin amb els seus? Potser es tracta d'un ordinador que—com el Hal de *2001: una odissea de l'espai*—pren decisions pròpies i, amb aficions noctàmbules, prefereix trucar als clients de nit. ¿Jo l'he de censurar? Gens ni mica. Beneïdes siguin aquestes màquines parladores que propaguen pel món la bona nova del regal de la copropietat d'un apartament a Peníscola (Castelló)! Tampoc no penso criticar els encarregats de controlar aquests ordinadors. Ni els encarregats de controlar els que controlen els ordinadors. M'imagino que deu ser molt dur intentar col·locar apartaments de copropietat a Peníscola (Castelló) a base d'ordinadors que potser també han estat comprats en copropietat.

De manera que, definitivament desvetllat, m'he posat a escriure aquestes línies. Bàsicament per donar les gràcies a Marbelo per aquest regal de la copropietat d'un apartament a Peníscola (Castelló) i notificar-los que, per ara, no m'interessa. Dit això, i vist que ja són gairebé les set del matí, me'n torno al llit a veure si aconsegueixo recuperar el senyor dels tres braços que se n'amagava el tercer a l'esquena.

DISCOS NO SOL·LICITATS

M'agrada dinar d'hora. Si el restaurant obre a dos quarts de dues, a dos quarts de dues procuro ser-hi. Si obre a la una, a la una. I, si obrís abans, ja hi seria. Potser per aquesta raó, sovint em passa que, com que entro tan bon punt veig que treuen el rètol de «Tancat», trobo els cambrers acabant de posar-ho tot a punt i amb el restaurant en un silenci la mar d'agradable. M'assec a taula, em donen la carta perquè triï i aleshores, de sobte, pels altaveus comença a sonar la música. Una música que no m'interessa ni m'agrada. Si he entrat al restaurant per menjar i beure, ¿per què em torturen amb el fil musical o la música de llauna? De vegades els dic: «Fins ara no hi havia música. Si l'han posat per mi, doncs moltes gràcies, però em complaurien molt més si l'apaguessin, sisplau.» La majoria de vegades, a tot estirar abaixen una mica el volum mentre em miren com a un excèntric.

Deu fer quatre o cinc anys, a Bilbao, un vespre vaig entrar en un restaurant del carrer Colón de Larreategui, que semblava tenir un peix de primera. Em van fer passar al menjador, em vaig asseure, la cambrera em va donar la carta i, quan començava a llegir els segons plats, van engegar el fil musical. Era una música incongruent i estava molt forta. Però, encara que no ho hagués estat, encara que hagués estat la meva música preferida, ¿què hi pintava? Quan la cambrera va tornar per apuntar la comanda, li vaig demanar si podien apagar la música, sisplau, sobretot tenint en compte que jo era l'única persona al menjador i, com que era molt d'hora, encara havia de passar una bona estona abans que vingués més gent. No va dir res i va desaparèixer. La música sonava a tot drap, difosa per altaveus astutament instal·lats aquí i allà, perquè no quedés cap racó del menjador lliure del seu poder decibèlic. Va tornar al cap d'un parell de minuts.

—No la podem apagar. Ha d'estar així.

—Però quan he arribat i m'he assegut no hi havia música.

—És que aleshores no hi havia ningú al menjador.

—Però el que hi ha al menjador sóc jo. Facin com si no hi hagués ningú i apaguin-la. Com abans.

Em va dir que era impossible. Em vaig excusar, em vaig aixecar i vaig sortir a buscar un altre restaurant.

¿Per què, des de fa uns quants anys, per força hi ha d'haver música a tot arreu? Abans no era pas així. Si dines amb algú, la música t'impedeix parlar i sentir-lo amb normalitat. ¿Per què no la treuen, si en el fons no s'hi fixa ningú? ¿Per què he d'acompanyar l'amanida amb música de jazz? El jazz m'agrada, però per menjar prefereixo el silenci. Vull menjar i beure i, si em ve de gust, parlar amb la persona que està amb mi, sense la música de llauna que dictamina el propietari del restaurant.

Fa pocs mesos, em va arribar a les mans un exemplar d'un llibre britànic. Es titula *The quiet pint*. És una guia de bars i restaurants on es pot menjar i beure sense la nosa del fil musical. El llibre ha estat un èxit a la Gran Bretanya i es reedita regularment des de fa anys. Inclou mapes i llistes de locals (per demarcacions, ciutats i pobles) on es pot menjar i beure sense haver d'aguantar les vel·leïtats melòdiques de l'amo. Tal com havia estat sempre, fins fa poc. No cal dir que, entre nosaltres, un llibre així comença a ser indispensable.

LA COBERTURA

L'home ha entrat al restaurant per dinar. Mentre espera que el serveixin, recorda que hauria de trucar a casa. Agafa el telèfon mòbil i s'adona que, a la pantalleta, no hi ha cap ratlla de cobertura. No li estranya, perquè la taula on seu és a certa distància del carrer. No passa res, ja trucarà més tard. El cambrer s'acosta i ell demana el que vol. Amanida de primer. Bistec de segon.

Una hora més tard, escura el cafè. Demana el compte, paga i surt al carrer. Es posa la mà a la butxaca i agafa el telèfon per trucar. Però tampoc no té cobertura. Cap ratlleta. Està estranyat perquè, encara que de vegades no hi ha cobertura a determinats barris extrems o a pobles apartats, al centre de la ciutat n'hi sol haver. Pensa que potser les protestes dels veïns contra les antenes instal·lades als edificis han fet que, quan les retiren, la cobertura es perdi en alguns llocs. L'home camina cap a la cita de feina que té a dos quarts de cinc. El sorprèn veure que altres persones parlen pels telèfons mòbils. Potser, pensa, són telèfons d'altres companyies, que no s'han vist afectades per la retirada de l'antena que, segons sembla, a ell l'afecta irremissiblement, perquè tot i que ja ha caminat dos-cents o tres-cents metres encara no aconsegueix cobertura.

Quan arriba a l'empresa on té la cita de feina, l'informen que el senyor amb qui s'havia d'entrevistar no hi és. Ha hagut de sortir amb urgència. Precisament li han trucat abans de dinar, per anul·lar la cita, li diu la secretària. «Li hem deixat un missatge al mòbil. ¿No l'ha rebut?» No sap gaire per què, no gosa explicar que fa hores que no té cobertura. Veu, sobre la taula, el telèfon mòbil de la secretària. És igual que el seu, i porta gravat el nom de la mateixa companyia telefònica. «¿Té cobertura?», pregunta mentre l'assenyala. «Sí», li respon la secretària, i li ensenya l'aparell: a la pantalla s'alineen quatre ratlletes: cobertura total. L'home li dóna les gràcies i, mentre es gira, comprova que, a la pantalleta del seu, la cobertura és a zero.

A la botiga de telefonia mòbil insinuen que té un model tan antiquat que se l'hauria de canviar. L'antiguitat del model, raona ell, no li hauria d'impedir tenir cobertura, però, com que de totes maneres ja se n'hauria de comprar un de nou, en tria un. El venedor li mostra la cobertura: total. L'home surt al carrer, agafa un taxi i, de camí cap a l'oficina, hi clava un cop d'ull. No té cobertura.

Tant si se'ls compra com si els hi deixen, tots els mòbils perden la cobertura tan bon punt queden a les seves mans. Els amics li comencen a pendre el pèl. «L'home sense cobertura!», li diuen, i se'n riuen. Als llocs on tothom fa servir normalment el mòbil, ell no pot fer servir el seu. Escriu als fabricants i els explica el problema, però se'l treuen de sobre amb cartes protocol·làries. De manera que, quan ha de trucar pel carrer, recorre a les cabines telefòniques i contempla com els altres li passen pel costat amb els mòbils a l'orella. I quan els amics li diuen: «Però, home, ¿com és que no tens mòbil? A veure si te'n compres un», ell s'arronsa d'espatlles, es gira dissimuladament i contempla la pantalla del seu sense perdre mai l'esperança, per anys que passin.

BON NADAL!

Fins ara, la tradició era, cap al novembre, queixar-se que l'ambient nadalenc arriba cada any més aviat, empès per les necessitats comercials que fan que, sense haver acabat de digerir els panellets, ja apareguin als carrers els primers llums de Nadal. Molts columnistes també han fet tradició de posar el crit al cel en aquesta època: «¿On anirem a parar? Al pas que anem, si continuen avançant l'inici de la il·luminació nadalenca, vindrà un any que encara serà estiu i ja trauran del magatzem les bombetes amb les estrelles, els arbres i els cartellets de "Bones festes".» Doncs les bombetes amb estrelles i arbres de Nadal potser encara no, però la rifa sí.

Som al juliol i ja en fan anuncis. Les parades d'autobusos i les boques de metro estan plenes de cartells on, sobre la imatge d'una mena de nimfa subaquàtica somrient, hi ha la frase: «Ja hi ha loteria de Nadal». Sota la nimfa, amb lletres encara més grosses: «¿I si cau aquí...?» A sota, el mateix de sempre: «Que la sort t'acompanyi. Loterías y Apuestas del Estado». De fet, que cap al final del mes de juliol ja venguin rifa de Nadal no és nou. La venedora de loteria m'explica que, cada any, els primers números els arriben a ple estiu. La gran diferència és que, aquest any, ho sap molta més gent, gràcies a la campanya. Els anys anteriors, amb els primers dècims els donaven uns cartellets de mida discreta on deia: «Ja hi ha rifa de Nadal», perquè els col·loquessin a l'aparador, a la paret o a la porta. Aquest any, en canvi, els donen uns cartells semblants als de la campanya que envaeix els carrers.

La idea és intel·ligent. Es tracta d'aprofitar que durant les vacances d'estiu la gent viatja i, com que és supersticiosa, sempre té la temptació de comprar un dècim a pobles llunyans. Més que res perquè—si a l'agost passen per Torrelodones, i després, per Nadal, veuen per la tele que la grossa ha tocat a Torrelodones—maleiran no haver entrat en aquella administració davant la qual van dubtar: «¿En comprem o no?»

Des de fa dècades, sabem que la primavera s'acosta quan, al febrer, les tanques anuncien que ja és primavera a El Corte Inglés i als aparadors comença a haver-hi roba de màniga curta. El període de temps entre l'aparició de tanques i roba de màniga curta i l'arribada real de la primavera és d'un mes i mig justet. Ara, en canvi, a ple estiu, amb la gent amb sandàlies i torrant-se els melanomes al sol de la platja, ja ens anuncien que ha arribat la rifa de Nadal. Ja no es tracta d'un discret mes i mig d'avançament, sinó de cinc senyors mesos. És part d'aquesta tendència actual a avançar-ho tot. A començament d'aquesta setmana, per exemple, les botigues de roba masculina del passeig de Gràcia van renovar els aparadors, i ara ja hi ha maniquins que llueixen uns jerseis jaspiats ideals per anar a la Molina al gener.

Suposo que això d'avançar-nos als fets, cada cop més i més, deu formar part de la perpètua insatisfacció de l'home contemporani. A l'hivern anhelem que arribi la primavera i a l'estiu correm a comprar roba d'hivern i loteria de Nadal. Al pas que anem, un dia notarem al clatell el nostre propi alè.

A L'ATENCIÓ DEL MOLT HONORABLE

Molt Honorable Senyor Eduardo Zaplana, president de la Generalitat Valenciana:

Joaquim Monzó Gómez (de nom de ploma, Quim Monzó), veí de Barcelona, de professió escriptor, a la vostra Molt Honorable persona, amb tot el respecte i consideració,

EXPOSA:

Que, havent sabut pels mitjans de comunicació les noves directrius que la Conselleria d'Educació del Govern valencià ha enviat a les editorials, desitjaria, per la present, exposar les consideracions següents.

Que aplaudeix sense reserva els motius que impulsen la conselleria a establir uns mínims per l'assignatura «Valencià. Llengua i Literatura» i a eradicar, en conseqüència, tots aquells autors espuris que poguessin contaminar les rectes essències de la llengua valenciana pel fet d'haver nascut fora de la comunitat que la vostra Molt Honorable persona presideix.

Que, no obstant això, desitjaria que, en el cas de l'infrascrit, es prengués en consideració que, tot i haver nascut a Barcelona (i excloent-lo aquesta circumstància del paradís de les aules valencianes d'Eso i batxillerat), els seus avantpassats per via paterna van ser sempre valencians, potser des del mateix instant que el Rei En Jaume tingué a bé arrabassar aquelles terres als sarraïns. Aqueixa valencianitat no va pas morir quan l'avi de l'infrascrit

(Joaquim Monzó Vidal, conegut entre els amics com a Ximo, i fins i tot «el tio Ximo», natural de Benigànim, partit judicial d'Ontinyent, comarca de la Vall d'Albaida, província de València) i l'àvia de l'infrascrit (Emília Garcia Benavent, també de Benigànim), casats i residents en el carrer Sant Francesc de la dos cops esmentada població, es van veure obligats (a principis del segle passat o XX) a emigrar i a instal·lar-se en l'aleshores incipient barri del Poblenou, en la no valenciana ciutat de Barcelona.

Per tot això, amb el degut respecte i consideració,

SUPLICA:

Que li sigui aplicada la categoria d'oriünd, de manera que pugui ser estudiat pels alumnes de la comunitat que la vostra Molt Honorable persona dirigeix amb mà precisa, sens perjudici de les provisions ja dictades i que, si a Déu plau, seran definitivament publicades en forma de decret en el *Diari Oficial de la Generalitat Valenciana* el mes d'octubre que ve. L'infrascrit basa la seva sol·licitud, per una banda, en el fet que, encara que els seus avis van marxar de terra valenciana fa deu dècades, els seus avantpassats hi van viure durant segles, i la vostra Molt Honorable persona sabrà entendre que unes minses dècades no són gaire res comparades amb la solidesa inapel·lable dels segles. D'altra banda, l'infrascrit apel·la a l'afecció i la simpatia que hom ha sentit sempre cap als oriünds, tant en el terreny esportiu (on de vegades futbolistes sudamericans són contractats com a comunitaris tot i que que les proves d'oriündesa són descaradament escasses) com en el polític (on, en les campanyes electorals ajustades, es concedeix sovint poder de vot a descendents de gallecs o pitiüsos amb una oriündesa més esbravada que la que presenta l'infrascrit).

És gràcia que espera que mereixi el recte capteniment de vostra Molt Honorable persona. Que vostra vida Déu guardi molts anys.

A la ciutat de Barcelona, el 12 de setembre del 2001.

Firmat.

AQUESTA EDICIÓ, PRIMERA,
D'«EL TEMA DEL TEMA», DE QUIM MONZÓ,
S'HA ACABAT D'IMPRIMIR,
A CAPELLADES, EL MES DE FEBRER
DE L'ANY 2003.

Altres llibres de l'autor en aquesta editorial:

NARRATIVA

UF, VA DIR ELL

OLIVETTI, MOULINEX, CHAFFOTEAUX ET MAURY

BENZINA

L'ILLA DE MAIANS

LA MAGNITUD DE LA TRAGÈDIA

EL PERQUÈ DE TOT PLEGAT

GUADALAJARA

VUITANTA-SIS CONTES

EL MILLOR DELS MONS

ARTICLES

EL DIA DEL SENYOR

ZZZZZZZZ

LA MALETA TURCA

HOTEL INTERCONTINENTAL

NO PLANTARÉ CAP ARBRE

DEL TOT INDEFENS DAVANT DELS HOSTILS IMPERIS ALIENÍGENES

TOT ÉS MENTIDA